それ、パワハラですよ？

【著】
弁護士 梅澤康二

【マンガ】
若林杏樹

ダイヤモンド社

ニュースです ○△会社のパワハラメールが問題になっています
10:00
○△会社
NEWS
○△会社パワハラメール
これはひどい… 「死ね死ね死ね…」ですか…
毎日毎日〈ピー〉さんからメールで毎日「死ね」って言われて…
うわぁ ひでぇな…
パワハラメールかぁ……
ひどいわね〜ウチじゃありえない話よね!
ここは部下も上司も意見が言いやすく「風通しのよい職場」

すみません!!
――と
思っているのは
上の立場の人
だけかも
……!?
いっつも同じミスばかり
ヤル気ないんじゃないの!?
周りもアンタのことメーワクしてるからね!!
「死ね」なんて
送るやつ
けしからんな!
オレはぜったい送らんぞ…
そうっスよねー
本当そう
思うっス!!
ん――……
メールじゃ
ないけど、
LINEでさ…
12:15
1件通知

[redacted]さん
今日もらった資料
あのままじゃダメだよ
こんな出来じゃ私が
あなたの立場なら
恥ずかしくて帰れない
●さんにもっと
力をつけてほしいと
思ってるの…
よろしくね
申し訳ございません
明日、すぐ作り直します。
深夜に送っちゃったのよねー……
後輩の担当の子に……
うおっ
いや……ちがうのよこれは…
夜に思いついて忘れないように送っただけー……
もや もや
私はパワハラしてないもん……
ちがうもん ちがうもん……
ハハハ…
深夜って時間帯がミソだなぁ～
う…
でもですねー

正直
何がパワハラで
何が指導だか
?
パワハラ
指導
わからないっス
よねー……
うーん
たしかに
パワハラしたくて
してるわけ
じゃないし
コミュニケーション
っつうか……
そ
よかれと思って
言ってるんだよ
なあ……
パワハラと
指導の線引き……
パワハラ
指導
?
みなさんは
わかりますか?

ある日、部下の仕事にミスが発覚したとします

オレらは……
上司Aを目指すべきなのかー……
部下を尊重してくれる
よけいなこと言わない
思いやりを感じる
このご時世
当然といえば
当然かー……
でもダメなところを
ダメと言うことも
重要だと思う
それはそう
よし！
部下に
叱咤激励の
メールを送るぞ！
おーっ

ポーン
あ、課長から…
部署全員CCに入れたミス指摘メール!!!!
件名: 重要: 業務の不備
CC:[redacted]
各位
お疲れ様です。
以下、金子さんの最近の業務につい
重大な不備がありましたので報告
ます。
金子さん、
君が担当しているプロジェク
で、またしても重大なミスが発生しまし
以前から指摘しているように、君の仕
事には度重なる不備が見受けられます。特に以
えーえー!?
各位
お疲れ様です。
以下、金子さんの業務について不備
ので報告します。
泣きてぇ…
金子
君が担
プロジェクトでまた重大なミスが発
君のことを思って真摯に受けとめてほしい。
以前から指摘しているように、君の仕事には
君の可能性を期待しているよっ…と!
よしこれでいい!
カタカタ
ターン
大丈夫?金子さんメール……

カチャ
あのー……
それ、パワハラですよ

はじめに

「パワハラ上司になりたくない」あなたへ

「部下に注意・アドバイスしたい。でも、相手が不快な思いをしたら、パワハラになるかも？」
「飲みに誘って親睦を図りたいけど、パワハラやセクハラになったら困る」
「仕事を頼むだけでも、パワハラになるのかな……」

今は、本当になんでもハラスメントになってしまいそうな時代ですよね。

「相手が不快だと思ったらパワハラになるのでは」と思い、何がパワハラになるのかわからず、部下や後輩に対して必要以上に気遣ってしまう。その結果、部下を指導したり、仕事を頼んだりすること自体に躊躇《ちゅうちょ》してしまう方も多いようです。

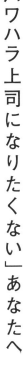

私はこれまで15年間の人事労務経験の中で、パワハラ被害を訴える方、訴えられている方の双方から多数の相談を受けてきました。

その中で思うのは、パワハラ加害者として訴えられる方は、相手に嫌がらせをしようとしているつもりはなく、あくまで**「自分は正しいことをしている」**と思っているケースがほとんどだということです。

「ちゃんとやってほしい」「良好なコミュニケーションを図りたい」。そんなふうに、上司側は「よかれと思って」指導しているだけなのに、部下からはパワハラだと思われているケースもよくあります。

つまり、自分としては普通の指導やコミュニケーションをとっているつもりだったのに、気づかないうちに相手の嫌がることを必要以上にしてしまっていた、もしくは許される行為だと思っていたという**思いこみ**があったということです。

このような思いこみによって行動しないためには、いったいどうすればいいのでしょうか？　それは**「パワハラについての知識」をしっかり身につけること**です。

後述しますが、パワハラは違法となるケースが逐一定められているわけではないため、曖昧な部分もあり、それぞれのケースごとに見ていく必要があります。

この本では、パワハラに当たるかどうか判断が難しい「パワハラのグレーゾーン」を、80以上の事例とともに解説していきます。

事例の中には、当然こんなパワハラ行為はしない、ご自身に該当しないと思われる内容もあると思いますが、事例を読むうちに、パワハラと指導のぼんやりとしていた境界線がはっきりと見えてくるようになります。事例がたくさんあるので、まずは興味のあるところからピックアップして、読んでいただくのもよいでしょう。

昭和、平成の時代、上司が部下に一方的に命令することは、ある意味許容されているような雰囲気がありました。そして、部下は一方的に我慢する側でした。

「上司がやってはいけないこと」はなく、部下に対する配慮、思いやりを持たなくてもすんでいたわけです。

でも、令和の時代、コンプライアンスが重要視され、個人1人ひとりの考え方や人権が尊重されるようになり、一方通行で暴力的な言動は許されなくなりました。「パワハラ」について、よりいっそう理解を深める必要が出てきたといえるでしょう。

本書を読めば、得体の知れないパワハラがはっきり理解できるようになると同時に、令和時代に必須の**「思いやり」スキル**が身につくようになります。

パワハラを理解することで、誰に対しても対等な、配慮の目線が自然と身につき、相手が不快に思う行為をしなくなるからです。職場だけでなく、友人関係や夫婦関係、自分の子どもとの関係といった人間関係全般も改善されていくでしょう。

ハラスメントの理解を深めていただくことで、どこにいても〝頼れる人〟になれるはずです。

本書をきっかけに、読者の方や身近な方々、1人ひとりの心理的安全性が保たれ、生き生きと働ける社会になることを祈っております。

ぜひ、本書を通読していただき、令和のハラスメント感覚を身につけていただければ幸いです。

Contents

第2章 バカにする、無視する……その言動、一発アウト！

第3章 残業、土日出勤、有休……部下の働き方に配慮してる？

第4章 異動させる、退職を促す……どこまで許される？

第5章 同僚、部下、顧客……その他のハラスメント

アットホームな職場!?

グレー株式会社の人々

うるわマドカ（23歳）

社内のマドンナ的存在

赤野（25歳）

マイペースに働くイマドキ女子

圧田《あつだ》（45歳）

ベテラン事務職員。後輩を厳しく育てるタイプ

青井（27歳）

力原先輩の期待に応えるために邁進中

白鳥（39歳）

みんなから一目置かれているリーダー

金子（35歳）

がんばり屋さん。少しおっちょこちょいなところも

力原《りきはら》先輩（35歳）

情熱あふれる営業マン
ついオラオラ感が出てしまう

クド川《かわ》課長（51歳）

軽口を叩いて周りをザワつかせるのが得意

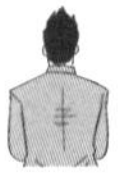

鬼瓦《おにがわら》部長
（45歳）

山田（23歳）

梅澤《うめざわ》弁護士

労務に関するプロフェッショナル

第1章

熱の入りすぎた指導、キケンです！

「パワハラ」と「指導」を見分ける3つのポイントとは？

ここからはよくある職場での悩みやトラブルについて、それぞれ**「適正な業務命令」**と考えるべきか、それとも**「違法なパワーハラスメント」**と考えるべきかを具体的に検証していきます。

もしかすると、ご自身の置かれた状況とドンピシャな事例ではないかもしれませんが、似たような事例であれば、参考になるはずです。

そもそも、パワーハラスメントとは何を指すのでしょうか。

まず、パワーハラスメント（以下、パワハラ）とは**「業務遂行のために許容される限度を超えて相手を苦しめる行為」**の総称と考えていいでしょう。

そのため、上司の指導が「合法的な業務命令」なのか、それとも「許されない違法な

「パワハラ」なのかは、結局のところ**「業務遂行のために許容される限度」に留まるのか、留まらないのか**という観点で区別されています。

やや難しいのが、この「業務遂行のために許容される限度」に留まるか否かです。

けれども、この点もシンプルに考えると、

1 業務との関連性があるかどうか（業務との関連性）

2 業務遂行のために必要かどうか（業務上の必要性）

3 やっている行為が常識的に許容されるものかどうか（態様の相当性）

という3つの視点でジャッジするのがもっともわかりやすいでしょう。

これから事例をたくさんご紹介しますが、「合法な業務行為」か「違法なパワハラ」かは、とりあえずこの**1**〜**3**の観点で整理して分析するのが簡単だということだけ押さえていただければ、理解しやすいと思います。

では、次から具体的に見ていきましょう。

01

この叱り方、パワハラになる？

怒られるのは、誰しも嫌なものです。

子どもであれば、怒られてもしかたないと思えるかもしれませんが、大の大人が、しかも職場で叱責されることは、それだけで屈辱的なことでしょう。

また、大人だからこそ、思うところがあっても、上司に言われるがまま素直に受け入れざるをえない、ということも往々にしてあろうかと思います。

では、このような職場での叱責は、どこまで許容されるのでしょうか。

まず基本的なところからお話をすると、企業には、会社内の風紀・秩序を維持するため、**「よくない行いをした社員」にペナルティを与える権利（懲戒権）や、社員の仕事や役割をコントロールする権利（人事権）**があります。

そして懲戒権や人事権の一環として、**企業には社員に対して、注意指導をしたり教育訓練を行ったりする権利**があります。

これらは企業側に雇用契約に基づき認められる権利のため、社員の同意や意向に関係なく一方的にこれを行使することができます。

そのため、**社員は注意指導や教育訓練に不服や不満があっても、「契約上の義務」と**

して、原則的に従わなければなりません。まずはこの原則を押さえておく必要があります。

つまり、たとえ上司の注意や叱責が不快で、恐怖を覚えたとしても、それだけでただちに上司の行為が違法なハラスメント行為となるわけではないのです。

しかしながら、**企業側の権利も絶対無制限に認められるわけではなく、やはり限界があります。**

この限界を超えてしまった場合には、注意指導や教育訓練の行為が違法なパワハラと評価される可能性があります。

どのような場合に限界を超えているかが問題となりますが、これも先ほどお話しした「業務のために許されるか」という問題であり、3つのポイント、**関連性・必要性・相当性**の観点で整理できます。

具体的に事例を見ていきましょう。

1 大声で長時間叱責する

広告営業をしている新入社員の20代女性。毎月の目標を達成しているものの、自分の業務が終わると、他の社員よりも早く帰宅するので、それが男性上司の気に障ったようだった。ある日、上司に提出物を渡そうとしたときに、「どうしていつも早く帰宅するのか？」「みんなと一緒にがんばろうという気はないのか？」「土日は何をしているのか？」などとフロア内に響き渡るような声で、30分以上どなられた。

職場で叱責する行為は、どこまで許容されるのでしょうか。

仕事とは関係がない私生活上の問題については、そもそも業務との関連性がなく、これを叱責、指摘する必要性も乏しい場合が多いでしょう。

そのため、本件のように**上司が部下の私生活の事柄について大声をあげたり、長時間叱責したりという行為があれば、特別な理由がないかぎり、業務の適正な範囲を超**

えたパワハラであると評価されやすいと考えます。

これに対し、部下が仕事でミスをしたり、危険な行為を行ったりした場合に、上司が叱責するのは、業務との関連性は当然あります。

その場合、「業務上の必要性があるか」と「言動が客観的に許容されるものか」を総合的に考慮して、判断することになります。

たとえば、叱責の対象となるものが絶対に許されない行為（犯罪や人の生命・身体に危険が及ぶ行為など）であれば、再発防止の観点から叱責の必要性はかなり高く、ある程度厳しい叱責も許容されると思われます。

このようなケースでは、相手の人格や人間性をことさら否定するものであったり、よほど異常な叱責がされたりした、という場合でないかぎり、「業務上適正な範囲を超えている」という評価にはなりづらいと思われます。

他方、部下の行動がとくに実害のないものや、同じことを繰り返さなければいい程度のものである場合、叱責も相応の態度で臨めば十分と考えられます。

そのため、このような場合には大声をあげて叱責したり、長時間相手を拘束したり、他人の面前で叱りつけたりという叱責方法は、その必要性に対して過剰であり、業務上適正な範囲を超えていると評価される可能性が高くなります。

2 物を投げたり机を叩いたりしながら叱責する

20代女性。上司に業務上の進行の遅れをとがめられた際に、事情を説明したところ「言い訳を言うんじゃない」「だいたいお前は」「だ〜か〜ら〜」と机の上をバンバン叩いたり、足元のゴミ箱を蹴っ飛ばしたりしながら怒られた。

物を投げたり机を叩いたりする行為は、相手の体への直接の接触がないとしても、**「相手を威嚇する暴力行為」**と評価されやすい行為です。

このような暴力的行為は、基本的には業務上の必要性は認められず、常識的には許容されないのが通常でしょう。

要するに、言葉で話し合えばいいだけで、ことさらに相手を威嚇するようなふるまいをする必要はないのです。

そのため、業務上必要な場合であっても、物を投げる・机を叩くなどの叱責は、基本的には業務上適正な範囲を超えたパワハラと評価されてもしかたない行為であるといえそうです。

3　周囲が見たり聞いたりできる状況で叱責する

30代男性。フロア内の上司の席でトラブルを報告したときに、「これどうするの？」「あなたは毎回こういう失敗するよね」などと、1時間にわたって説教を受けた。周りの社員が聞いている気がして、とても恥ずかしかった。

社員に対する叱責は、通常はその社員の問題行動を正すために行われます。

そのため、**叱責の内容はその社員本人のみに伝われば目的を達することができ、必ずしも他の社員に対して周知する必要はありません。**

また、部下からすれば、上司からの叱責は不名誉で恥ずかしいことと考えるのが一般的です。周囲に知られたり聞かれたりするのは、自尊心を傷つけられたり、羞恥心を抱いたりといったネガティブな感情を強く覚えてしまうものです。

そのため、周囲が見聞きできる状況で叱責するという手段をとる必要はなく、また、そうすべきでもないので、その叱責行為が客観的に許容されるのは難しいでしょう。

したがって、周りの人に聞こえるような場所で叱責することは、周囲にただちに叱責内容を共有しなければならないような特別な事情がないかぎり、業務上適正な範囲を超える違法なパワハラとして評価される可能性は十分にあると考えます。

その場ですぐに注意が必要な場合もある

もっとも、場合によっては、その場ですぐ注意指導をしなければならないこともあるでしょう。たとえば次のようなケースです。

- 社員の作業方法が危険で、放置すると本人や他人にケガをさせる可能性がある場合
- 事務処理に重大な違反があり、会社や取引先を巻きこむ大問題に発展する可能性がある場合

こういった、ただちに是正しなければ、深刻な結果になるような場合には、即時の注意指導が必要であることは当然です。

やむをえない理由がある場合には、周囲に人がいる・いないにかかわらず、ただちに相手に問題を伝えて経緯をただしたり、二度と同様の行為をしないよう強く指導することは、常識の範疇に留まるといえます。

ただ、この場合でも社員に対する最低限度の配慮や敬意は当然必要です。**周囲に人がいない環境が容易につくれる場合（たとえば、別室への移動が可能な場合など）は、本人だけに伝わるように指導するほうがよいことは間違いありません。**

また、いくら緊急の場合でも許容限度は当然あるので、社員に対して暴力的な行為をしたり、「死ね」「今すぐ辞めろ」など、感情に任せて相手の人格を強く否定したり

するような言動は許されないことには十分に留意しましょう。

Point

- 部下の私生活について、大きな声で長時間叱責することはパワハラになる可能性がある
- 物を投げたり、机を叩いたりなどの威嚇する行為はパワハラになる可能性が高い
- 叱責するときは、特別な事情や緊急なときでないかぎりは周囲に聞こえないように配慮が必要

02

圧の強い長文メール、送っていませんか？

職場では、メールを利用することはもちろん、LINEやメッセンジャーといったSNSを活用するケースもよくありますよね。

メールは便利な一方で、上司や先輩から不快なメールを受け取ったという経験のある方は少なくないはずです。そもそも相手を不快にさせるメールを送信する行為は、パワハラにならないのでしょうか。

メールは言葉を直接的かつ視覚的に伝えるものなので、口頭でのやり取りに比べると、相手に対してより強い不快感や不安感を与えることもあるでしょう。とくに注意指導などでは、メールでのコミュニケーションを避けるべきという意見もあるようです。ただ、当然のことですが、メールを送ること自体は、ただちに不当であるとか、不適切ということにはなりません。

メールは、職場の意思伝達の手段の1つとして、極めて有用なツールであることは間違いありません。ただ、相手にネガティブなメールを送信するのであれば、相応の注意と配慮が必要です。

このような観点から、簡単な事例をふまえて解説します。

1

複数の人をccに入れたメールで叱責する

20代男性A。所属している部署では、会議の翌日までに議事録を送るルールがある。Aはうっかりミスが多く、議事録を取るのを忘れたり、議事録の送付が遅くなったりしていた。そのことについて、上司から、「Aは毎回議事録を送るのが遅れる。今後は気をつけるように」とチームメンバー全員がccに入ったメールを送られた。個人だけに言えばいい内容なのに、吊し上げられた気分になった。

メールには宛先以外の関係者に対しても同じメッセージを送信する「cc」という機能があります。ccに複数名入っていれば、特定の人に向けたメッセージを他の人間も見ることができます。

したがって、本件のような複数名がccされたメールで叱責する行為は、前述した**「周囲が見たり聞いたりできる状況で叱責する」**行為とかなり近い行為といえます。

しかも、メールの場合、宛先に対するメッセージとccに対するメッセージはまったく同一です。そのため、複数名をccに入れて叱責のメールを送信する行為は、その対象者や内容のいっさいが、周囲の人間にそのまま筒抜けとなることを意味します。

メールでの叱責は、内容が可視化され、かつ記録として残るため「周囲が見たり聞いたりできる状況で口頭で叱責する」行為よりも、社員の自尊心や羞恥心を刺激する程度が大きいといえそうです。

上記の点をふまえれば、複数名をccに入れてメールで叱責することは、より慎重とならざるをえませんし、業務と関係のない叱責であれば、業務上適正と認められる余地はまずありません。

また、業務と関係する事柄に対する叱責であっても、周囲に対して叱責内容をメールで共有するべき理由がない場合は、やはり許容されにくいでしょう。

そのため、今回のケースのようにccに複数名がふくまれる状況で、個人を厳しく叱責する行為は、「業務上適正な範囲を超えるもの」との評価を受けやすくなると思われます。

2 メールで嫌味を延々と書く

30代男性。上司にメールで仕事上の報告をしたところ、ふだんの自分の仕事ぶりについて、1000文字以上の長文でメールの返信がきた。こちらの状況や意図を聞かず、「こんな初歩的なミスをするなんて」とくどくど嫌味が書かれていた。返事をすると、さらに長文の返事が返ってくるので、返事をするのがしんどくなってきた。

メールは、伝達ツールとしては便利ですが、メッセージの受け手の感情に、口頭で伝えるよりもより直接的に作用しやすいものとして捉える必要があります。

口頭で言われるだけなら、記憶から通り過ぎていくことであっても、メールは記録に残るため、何度も読み返せてしまいます。また、メールには会話のような音や雰囲気がないため、より直接的に言葉を受け取ってしまいやすいのです。

そういうわけで、仮に**メールで相手にネガティブなメッセージを送信した場合、口**

頭でのやり取りに比べて、相手に対してよりネガティブな印象を与える可能性があります。

そのため、メールで相手がことさら不快となるような嫌味をこめたメッセージを長々と送りつける行為は、相手の自尊心を必要以上に傷つける行為として、業務上の必要性が認められず、また、常識的に許容される範囲からも逸脱すると思われます。

もし私生活上の事柄に関してこのようなメールを送信すれば、それは業務上適正な範囲を超えたパワハラとなる可能性が極めて高くなります。

また、業務に関する事柄であっても、このようなメールを送信する行為は、特段の事情（たとえば、何度注意しても同じようなミスが繰り返されるような場合や、相手の態度がことさら反抗的であり速やかな改善が必要な場合など）がない場合には、やはり業務上適正な範囲を超えていると評価されやすいように思われます。

業務上のメールは、あくまで業務処理に必要な情報を伝達するために送信するものです。**相手をやりこめたり、不愉快にさせるために送信するものではない**、ということとは十分留意する必要があるでしょう。

そのため、メールに不必要な嫌味や侮辱を記載するべきでないことは明らかです。

もし、感情的にメールを作成してしまっている場合には、すぐにメールを送らず、一度メールを読み返すのがよいでしょう。メールを送るときは、業務上不必要な内容がふくまれていないか、冷静に見直す心の余裕を持てるといいですね。

Point

- 個人への注意ですむ叱責メールを送る場合、ccに複数名入れるべきではない
- 嫌味や侮辱的な内容をメールに記載することはパワハラになる可能性が高い

法律コラム 1

「パワーハラスメント」とは法律的に何を指すのか

「パワーハラスメント」という用語は一見すると英語のようですが、これは英語圏由来の言葉ではありません。

この言葉は権力や実力を意味する〝power〟という英単語と、嫌がらせを意味する〝harasssment〟という英単語を組み合わせた完全な和製英語です。

2001年にコンサルティング会社の「クオレ・シー・キューブ」の代表取締役・岡田康子さんによって提唱された言葉で、その後、「パワーハラスメント」という言葉が日本国内に急速に広まっていきました。

そもそもパワーハラスメントとは、具体的にどのような行為を意味するのでしょうか。

パワーハラスメントと似たような言葉に「セクシャルハラスメント」という言葉があります。パワハラとセクハラは、法的には明確に区別される概念です。

セクハラは、性的言動に起因する行為のため、パワハラに比べると第三者から見ても比較的わかりやすい行為であるといえます。

一方で、**パワハラは日常業務に紛れて行われることが多く、業務の延長線上の行為として許されるものなのか、それとも許されないパワハラ行為なのかの区別が非常にわかりにくい**という特徴もあります。

そのため、「パワーハラスメント」という概念自体は、世間に幅広く認知が進みつつも、いったい何が法律的な意味でのパワーハラスメントに当たるのかは、明確な共通認識が示されないままとなっていました。

しかし、2012年1月30日に厚生労働省の「職場のいじめ・嫌がらせ問題に関する円卓会議ワーキング・グループ」という研究チームの報告があり、法律的な定義づけが公表されました。

職場のパワーハラスメントとは「同じ職場で働く者に対して、職務上の地位や人間関係などの職場内の優位性を背景に、業務の適正な範囲を超えて、精神的・身体的苦痛を与える又は職場環境を悪化させる行為」である、という定義です。

また、同研究チームは、パワーハラスメントの行為類型の例示として、

1 身体的な攻撃（暴行・傷害）
2 精神的な攻撃（脅迫・暴言等）
3 人間関係からの切り離し（隔離・仲間外し・無視）
4 過大な要求（業務上明らかに不要なことや遂行不可能なことの強制、仕事の妨害）
5 過小な要求（業務上の合理性なく、能力や経験とかけ離れた程度の低い仕事を命じることや仕事を与えないこと）
6 個の侵害（私的なことに過度に立ち入ること）

という6つを示しました。

これにより、長らく不確定であった〝パワーハラスメント〟の概念がある程度固まり、その典型となる行為についても具体的な指針が示されるに至ったのです。

同研究チームの報告内容もふまえ、2019年5月改正・2020年6月施行（中小事業主については2022年4月施行）の「労働施策の総合的な推進並びに労働者の雇用の安定及び職業生活の充実等に関する法律（労働施策総合推進法）」において、パワーハラスメントは「**職場において行われる優越的な関係を背景とした言動であって、業務上必要かつ相当な範囲を超えたものによりその雇用する労働者の就業環境が害される**」ものであるとの条文上の定義づけが

されました。

条文上は６つの行為類型のような典型例について定められてはいないものの、条文それ自体が同研究チームの定義づけをなぞるものであることをふまえると、上記であげられた**1**～**6**の例示は法律上も重視されているといえます。

そして、この例示に該当するような行為は、結果的にパワーハラスメントの定義に該当しやすいと考えていいでしょう。

パワハラの6つの行動類型

1 身体的な攻撃（暴行・傷害）

2 精神的な攻撃（脅迫・暴言等）

3 人間関係からの切り離し（隔離・仲間外し・無視）

4 過大な要求（業務上明らかに不要なことや遂行不可能なことの強制、仕事の妨害）

5 過小な要求（業務上の合理性なく、能力や経験とかけ離れた程度の低い仕事を命じることや仕事を与えないこと）

6 個の侵害（私的なことに過度に立ち入ること）

03

高すぎる目標ってパワハラになる？

会社が設定した売り上げ目標が高すぎる、部署で決められた顧客とのアポイント件数に追われている、など仕事上の目標数字（ノルマ）に苦労する人は多いですよね。

「会社から提示されたノルマは、絶対に達成しなければならないもの」と考えている人が多いと思いますが、法律的にはどうなのでしょうか。

まず、企業は社員に対して、**「業務の内容や品質を指定する雇用契約上の権利」**があります。そのため、その権利行使の一環として、社員に対して一定の業務目標を課すことも基本的に企業の自由です。

また、目標は達成されなければその意義が薄れてしまうので、**企業が業務目標の達成を強く求めることや、業務目標が達成されない場合に改善を求めることも原則として許容されます。**

そのため、会社から一方的にノルマを設定されたとか、ノルマを達成しなかったことについて叱責されたというだけでは、ただちに業務上適正な範囲を超えたパワハラであるということにはなりません。

もっとも、このようなノルマ設定についてもやはり限度があります。

どう考えても達成できないノルマを設定したり、ノルマを達成できないことを理由に理不尽な要求をしたりする行為は、業務上適正な範囲を超えたパワハラであると評価される可能性があります。

では、どんなノルマ設定がパワハラになるのでしょうか？

まず、ノルマはほとんどの場合は、業務上のことで設定されるため、よほどおかしなことがないかぎり業務との関連性はある、といえます。

そのため、「業務上の必要性」と「常識的に許容される行為か（態様の相当性）」の観点からジャッジしていくことになるでしょう。

1 ノルマを達成するために長時間の残業が必要である

20代女性。入社早々、営業部に配属され、新規開拓の毎月の目標を持たされた。ノルマを達成するために、日中は電話でアポイントをとったり、商談があったりして、会社に戻ってくるのは夕方以降。それから上司の雑務の手伝いや議事録を作成する作業などもあり、定時は18時だが、会社を退社できるのは毎日23時過ぎになっている。上司からは「昔はもっと大変だった（から、これくらいのことはやって当然）」と言われている。

ノルマを達成するために残業すること自体は、めずらしいことではありません。ノルマは企業から与えられた「達成すべき仕事」であり、これを定時の間で処理できない場合は、残業で対応することはむしろ当然の対応といえそうです。

したがって、「ノルマ達成のために残業が必要である」ということのみで、ノルマ設定がパワハラであるということにはなりません。

しかし、次のようなケースは検討の余地があります。

- ノルマ達成のため、毎月の残業時間が80時間や100時間となることが続くなど、過剰な残業を要する
- ノルマを達成していないことを理由に、残業代の全部または一部を支払わない

このような場合は、ノルマの設定→残業指示という一連の行為が常識を欠くものとして、業務上適正な範囲を超えたパワハラであると評価される可能性は十分にあります。

現行法では月100時間以上の残業命令や、2〜6カ月平均80時間を超える残業命令は違法であり、残業に対して残業代を支払わない行為も違法です。

このような場合には、ノルマの設定行為もふくめてパワハラである、と評価される可能性は否定できないといえます。

また、管理職がなんらかのノルマを設定する場合、**現実的に可能なものかどうか**に留意して設定する必要があります。

仮に、ノルマ達成のために部下が異常な長時間勤務をしている場合には、サポート要員を増員するなどの措置も検討する必要があるでしょう。

また、社員が常に長時間の残業を行っている場合は、管理職はノルマ設定に無理があるのではないかと、今一度検証・調整することも積極的に検討すべきでしょう。

2 ノルマ未達のときに反省文を書かせる

出版社で広告営業をしている30代男性。毎月の目標があり、達成できなかった月は、「なぜ達成できなかったのか、達成するためにどうすればいいのか」の反省文を書かされる。上司がその内容に納得しない場合は、もう一度書き直す必要がある。反省文を書いているうちに、気持ちが塞ぎこみ、「自分はこの仕事に向いていないのでは」と退職も検討している。

社員がノルマを達成できない場合に、なんらかのペナルティを科すこと自体は、社員に発破をかける行為として合理性がないとはいえません。

また、反省文を作成・提出させることも、社員に問題解決のための気づきを与える行為として一定の効果は期待できます。

そのため、ノルマ未達の社員に反省文を提出させることは、問題解決の手段として一定の合理性を有するといえ、ただちに違法なパワハラであることにはなりません。

しかし、このような反省文の提出も、行きすぎとなれば当然問題となります。

たとえば、

- ノルマ未達を理由に、毎日反省文の提出を求める
- 反省文の中で、業務とは関係ない私生活上の事柄について言及させる

これらの行為は、もっぱら社員に肉体的・精神的苦痛を与えることを目的とするもので、問題解決のために行われるものではないと評価される可能性があります。

また、本人が提出した反省文に対し「こんなのは反省文ではない！　もっと何が悪かったかよく考えて書け！」などと抽象的なコメントに終始して、何度も再提出を要求する、といったケースもあります。

このような行動は、問題解決を目的とした行為ではなく、相手に精神的苦痛を与えることを目的とした行為である、と評価される可能性があります。

提出された反省文に不備があるのなら、具体的に何が不十分であるのか、どのようなことを省みるべきであるのかを明示するべきです。

「何が問題なのかは自分で気づいてほしい」と思うかもしれませんが、職場はあくまで仕事をする場であって、修行をしたり悟りを得たりする場ではありません。

本人が気づけないことがあるなら、これをマネジメントする上長が指摘すべきであることは、業務効率の観点から当然です。

もちろん、本人に指摘をしても問題が改善しないこともありえますが、その場合は社内ルールに従って、然るべく注意指導のレベルを引き上げれば足りるでしょう。

反省文はあくまで業務指導の一環として行うものであり、本人の精神修行や人格形成のために実施するものではないことに留意しましょう。

したがって、本件のように、反省文を何度も書き直させる行為は、業務上の必要性が否定され、常識的に許容される限度を超えているものとして、パワハラであると評価される可能性が高いです。

3 他の社員と比較する

20代男性。営業職に従事しているが、目標数字をなかなか達成することができない。「○○さんはできているんだから」と優秀な同僚と比較され、「やる気がないからできないんじゃないの」「だいたいお前は自分のことしか考えていない」などと言われ、目標の未達は本人の人格や努力不足のせいにされる。

ノルマを達成できない社員に対して、「Aさんは達成できている」「お前以外のみんなは達成できている」などと、他人と比較しながら注意指導するケースはよくありますよね。

このような他人と比較する指導は、言われた本人からすれば屈辱的な指導として不快感を覚えることは当然です。しかし、**指導上、他者と比較する言動がされたとしても、ただちに業務の適正な範囲を超えた指導であることにはなりません。**

業務指導の中で、他者のノルマ達成状況について言及する必要がある場合は往々にしてあります。

たとえば、同じようなノルマを達成できている社員がいる場合、その社員の仕事のやり方を参考とするように指導することは、指導内容としては合理的です。

また、職場の大多数がノルマを達成している場合、会社はノルマ未達の社員を低く評価せざるをえません。そうすると、「周囲は概ねノルマを達成している」という情報は、言われた本人が危機感を持つために必要な情報であるともいえます。

このように、相手の業務改善を促す趣旨で他者との比較に言及することは、常識的に許容されるべきで、相手が不快に思ったという事実のみで業務の適正な範囲を超えると評価されるとは思われません。

一方で、**他人と比較する言動が、その内容からもっぱら相手に屈辱感を与えることを目的としていると評価される場合は別**です。

すなわち、建設的な内容ではなく、「目標達成する能力が乏しい」ことをことさら強調するためだけに、他の職員がノルマを達成していることや、周囲の大多数がノルマを達成している話を持ち出すことがあります。
こういった場合は、相手の恥辱を不必要にあおる行為として、業務の適正な範囲を超えていると評価される可能性は否定できません。

このように、**他者と比較するような言動は、業務指導のため必要、または有用と認められるような場合には業務の適正な範囲に留まる一方、もっぱら相手に恥辱を与えるための行為と評価される場合には、業務の適正な範囲を超えると評価される可能性があります。**

この区別は明確ではなく、業務のつもりで指導したのに、相手には辱めるための言動だと受け取られた、という行きちがいも大いにありえるところです。
そのため、指導する側としては、**どういう趣旨で比較する言動をしているのかがわかるよう言葉を補う**など、丁寧に説明しながら指導をするといいでしょう。

ノルマ未達の社員に対する指導は、あくまで本人に業務目標に達していないことへの危機感を持たせたり、必要な気づきを与えたりする目的のために行うものです。

目標達成していないことを理由に相手の人格を否定するのは、この正当な目的に合致しないことは明らかです。人格を否定するような指導は、業務の適正な範囲を超えるものと評価される可能性は高いといえます。

では、どういった指導が人格否定に当たるのでしょうか？

この点は、常識的な見地から判断するほかありません。たとえば、**ノルマ未達であることを理由に「人間的に未熟である」「社会人として能力が低い」「自分のことしか考えていないやつだ」などと断ずる行為は、人格否定に当たる可能性があります。**

また、業務目標が達成できない理由について、**努力が足りない、やる気が足りないといった漠然とした主観的な評価を繰り返す行為も、単に相手を困惑させるだけの人格否定であると評価される可能性も否定できません。**

指導する正当な目的の範囲を超えて、もっぱら相手に屈辱を与えたり、困惑させる行為は、業務の適正な範囲を超えていると評価されやすいといえるでしょう。

もしノルマ未達について指導する場合は、なぜそのような指導をするのかの目的を意識しつつ、**「何が足りていないのか」「何をするべきなのか」**という具体的な指導をするよう留意しましょう。

4 自費購入を求める

コンビニ店員の20代男性。クリスマスシーズンになると、決まった個数のクリスマスケーキのノルマを与えられている。毎年数個売れ残ってしまうため、しかたなく売れ残ったケーキを自腹で購入している。

社員がノルマを達成できない場合に、自費で販売商品などを購入する行為を**「自爆営業」**と呼ぶことがあるそうです。**自爆営業は本来的には企業が負うべき損失を、社員に不当に転嫁する行為といえ、基本的に違法**と考えます。

ノルマ達成のために、会社が社員に違法な対応を求めることは、許容される余地はありません。この場合にはノルマの設定行為もふくめて、パワハラと評価される可能性が十分にあります。

なお、このような「自爆営業」を社員が同意して行うケースもあるようですが、社員が同意したからといって、企業の違法な対応が許容される道理はありません。

むしろ、企業はそのような違法な対応を中止させなければならない立場にあります。

そのため、たとえ社員が同意したり自主的に行っていた側面があったとしても、企業がこれを知りながら放置したり、推奨したりしていたような場合には、違法なパワハラがあったと評価される可能性はあるでしょう。

Point

ノルマ未達を理由に人格否定をしてはいけない

指導するときは、「何をすべきか」具体的に指示をしよう

自爆営業は違法

04 部下が仕事をちゃんとやらないので、細かく管理してもいいですよね？

上司が部下の業務について内容や進捗を確認することは、ある意味当然です。上司の確認がきめ細かだと、部下からすれば安心して仕事を進められるというメリットもあるでしょう。

しかし、このような確認が過剰であったり、重箱の隅をつつくようなコメントが繰り返されたりすれば、部下としては息苦しさを覚え、「自分は信用されていないのでは」と思ってしまうかもしれません。

上司による業務管理は、どこまで許されるのでしょうか。

原則論として、**会社は労働者に対して雇用契約に基づいて指示命令を行う権限があり、この権限の一環として、労働者の業務内容を確認し、評価する権限があります。**

上司の部下に対する業務レビューは、この確認・評価の権限を行使するものであり、正しく行使されている場合には違法の問題は生じません。

しかし、権限にも限界があり、**上司による業務確認や業務評価が、会社の持つ指揮命令権限を逸脱・濫用していると評価される場合には、違法性を帯びる可能性があります。**次から事例を見ていきましょう。

1

1日に何度も仕事の進捗報告を求める

20代営業職の男性。上司がとても細かく、「取引先にメールは送ったのか」「あの仕事の進捗はどうなっている」などと、1日に何度も確認してくる。たしかに自分はミスが多く、うっかり報告し忘れたり、やり忘れたりすることもある。しかし、日に何度も確認されると、信頼されていないかと思って、仕事のやる気も集中力も削がれるし、はっきり言って上司の存在がストレスだ。

上司が部下の業務進捗を把握するのは当然といえば当然で、これをタイムリーに把握する必要があることもあるでしょう。

そのため、上司が部下に対して業務進捗を毎日報告させていたとしても、それ自体は問題にならないと思われます。

たとえば、本件のケースのようにケアレスミスの多い社員に対し、上長がこまめに業務管理をすることは相応の必要性・合理性があり、相手がこれを不満に思ったとしても、パワハラと評価されることはないと考えます。

しかしながら、**作業時間や作業内容を非常に細かい時間単位で報告させるような場合（たとえば、1時間単位で各作業の具体的内容、方法、進み具合を報告させるなど）は、必要性に対して、客観的に許容される行動ではない、と評価される可能性もあります。**

そして、必要性が乏しかったり、過剰と思われるような進捗報告を長期間にわたって繰り返させた場合には、相手に相応の精神的苦痛を与えたり、その職場環境を害したりする行為であるとして、パワハラと評価される可能性があります。

2 何度も仕事のやり直しを求める

20代女性。企画職の仕事をしているが、上司に業務を過度に管理され、何度もやり直しをさせられる。「これこの前教えたよね」「なぜできるようにならないのか」「ちゃんと考えて仕事して」などの嫌味が多い。自分なりに一生懸命考えて仕事をしているのに、具体的な指導はなく、漠然とした嫌味ばかり。あまりにもやり直しをさせられるので、「任せてもらえないのなら仕事を辞めたほうがいいのでは」と感じている。

部下から提出された成果物について、上司が内容をチェックしてやり直しを命じることは、実社会では当然想定されることです。これが何度か繰り返されたとしても、それのみでただちに違法とはなりません。

しかしながら、次のケースはハラスメントに当たる可能性があります。

● なぜやり直しが必要なのかを説明せずにただやり直しを求めたり、必要な修正部分を明らかにしないで全体的にやり直すよう命じたりする
● 成果物の内容を見ることもしないで、やり直すように命じる

このような場合、業務上の必要性が不透明であり、行動として非常識であるとして、正しい権限の行使とは認められない可能性があります。

こういった行為が繰り返されれば、やはりパワハラと評価される可能性はあるで

しょう。

今回のケースは、上司から明確な理由も説明されず、嫌味っぽく業務を差し戻すことが繰り返されています。この点は、問題視されてもしかたがないように思われます。

そして、上司側で業務を差し戻す理由を合理的に説明できないような場合は、パワハラであると評価される可能性は高まります。

他方、上司側にそれなりの理由がある場合は、パワハラ性を否定する理由になりえます。しかし、次のようなケースは業務指示そのものに問題があるとして、パワハラと評価される可能性はやはり否定できません。

- やり直しの理由をちゃんと説明しない
- 改善のためのサポートをまったくしない
- 言う必要のない嫌味を繰り返す

部下にやり直しを求める場合は、「なんかよくないんだよなぁ」「とりあえず直しといて」などの抽象的な指摘ではなく、**「どの部分がどういう理由で的確でない」「この部分をこのような内容に修正してほしい」**などの具体的な説明をするほうがハラスメントのトラブルに発展することを予防できます。何より業務が円滑に進められるでしょう。

3 仕事ぶりについてしつこく嫌味を言う

20代営業職の女性。入社1年目で、チームの中でも好成績だ。会議でチーム全体の売り上げをアップさせるために自分なりの意見を言ったところ、上司から「俺はそう思わないな」と否定され、「お前の態度だと顧客には好かれない。営業は向いてないんじゃないか」と言われた。上司から「お前の意見なんか聞いてない」「上の言ってることに従って仕事しろ」などと言われ、気が滅入っている。

部下の業務内容や業務進捗について上司がコメントする行為は、仕事上当然の行為です。業務評価の一場面にすぎないので、ただちに問題となることはありません。

今回のケースでも、上司が部下の提案について否定的な意見を述べることは職場では当然ありえるため、そのことがただちに違法なパワハラになることはありません。

また、部下の意見や提案を却下する行為が繰り返されたとしても、却下する相応の理由がある場合には、やはりパワハラと評価される可能性は低いと考えます。

しかし、逆に見れば、上司による否定的な意見や提案等の却下についてなんら合理的な理由がないような場合は、嫌がらせを目的とする理不尽な行為として、パワハラと評価される可能性があるということです。


本件では上司から部下に対してネガティブな対応が繰り返されているようですが、**なぜネガティブな評価をするのか、部下から質問されても的確に答えられないような場合は要注意**でしょう。


また、上司側の理由の有無とは別として、部下の人格や人間性を否定するような嫌味は、それ自体が問題となることはこれまで述べてきたとおりです。

たとえば、部下の業務自体には問題がないのに、細かい言い回しや表現を捉えて相手をバカにするような発言や、部下の提出物が遅れていることについて、「仕事ができない」「この仕事に向いていない」などと相手の人格を否定するような発言をする行為は、客観的に許容されないものであると評価されてもしかたないでしょう。

このような不相当な発言を繰り返した場合、相手に精神的苦痛を与えたり、その職場環境を害したりする行為であるとして、パワハラと評価される可能性はあります。

Point

- 進捗報告をさせること自体は問題ないが、頻度が多すぎる場合は要注意
- 仕事をやり直させるときは、具体的な指示が必要。漠然とした指示はパワハラになる可能性大
- 部下の意見を却下するときには、嫌味を言わないように気をつける

05 できていないんだから、ダメ出し、していいよね？

誰かに叱られたり、注意をされたりするのは、それだけでストレスです。

とくに、上司から叱られるのは、「仕事ができない人」という認定をされているようで、非常につらいものがあります。

指摘される内容がもっともなものであればともかく、重箱の隅をつつくようなダメ出しであれば、部下からすれば、「やってられない！」と思うこともあるでしょう。上司の理不尽なダメ出しや注意は、法的に問題ないのでしょうか。


これまで説明したとおり、会社は社員に対して必要な教育・訓練をしたり、社員の業務内容を評価・査定したりする権限があります。そのため、社員に対する叱責や注意指導も、権限の行使として正当なものであれば法律上問題はありません。

しかし、権限の行使が裁量を逸脱・濫用するものであれば、違法の問題が生じることになります。具体的に見ていきましょう。

1 指示通りにやっている部下にダメ出しする

20代男性。上司に「今週の金曜日の朝10時までに会議用資料を作成しておいて」と言われたので、金曜日の朝10時に間に合うように資料を作成していた。前日の木曜日に「資料はどうなってるの？ 月曜日から時間があったのに、なんで資料をまだつくっていないの？」と叱責された。指定された日に間に合うように資料をつくっているのに、納得いかない。

会社と労働者との雇用契約では、労働者は会社の指示命令に従って労務を提供する義務があります。

そのため、会社の指示・命令通りに仕事をしていれば労働義務を十分に果たしていることになり、叱責や注意指導をされる理由はありません。

社長や上司の指示に従って行った業務についてダメ出しをされることは、理不尽な叱責・注意指導というべきでしょう。

もっとも、このような叱責や注意指導が常に違法なパワハラになるかと言われれば、そんなに簡単なことではありません。

そもそも、**指示通りといえるかどうかは「事実」ではなく、「評価」の問題**だからです。

部下からすれば指示通りにやっていると思っていても、上司からすれば指示通りではないということが往々にしてあります。

たとえば、顧客とのトラブルについて上司が報告書の提出を求め、部下が報告書を提出したとします。

部下としては、トラブル処理の結果だけ報告すれば十分だろうと考えていても、上司はトラブルの当事者、日時、原因、影響、処理内容、相手の反応等の詳細な報告がないので、報告書としては不十分だと評価することもあります。

このように、双方の認識にちがいがある場合は、上司による叱責や注意指導にそれなりに理由があることになり、ただちに理不尽な叱責・注意指導であるということにはなりません。

もちろん、部下側の「ちゃんと報告書を出したのに、叱責されるなんて理不尽だ」という言い分も理解できます。

しかし、**業務内容に問題があるかないかを最終的に判断するのは会社（管理職）側**であることをふまえると、上司の対応をただちにパワハラとは決めつけられません。

今回のケースの場合、上司から具体的な期限が指定されているので、この期限までに業務が完了していれば問題はありません。そのため、一見すると上司の態度は理不尽なようにも思えます。

しかし、「期限に完璧な資料が上がってくること」を上司側が期待しているにもかかわらず、部下が期限直前まで会議資料の内容や構成について相談も共有もしないのはどうでしょうか。

上司からすると、部下の業務が的確に開始されているのか、ちゃんとした資料が上がってくるのか不安を覚えるのはむしろ当然といえます。この場合、上司が部下に業務の進め方について注意することは、相応の理由があると考えます。

したがって、本件について部下側で理不尽だと思ったとしても、上司側の対応がただちにパワハラであることにはならないと考えます。

上司と部下の間で認識が異なる場合、頭ごなしに叱責するのではなく、しっかりすり合わせることが大切です。

しかし、上司がそのような話し合いをいっさい拒否して厳しい叱責を繰り返したり、何度もやり直しを命じたりする場合、このような対応自体が理不尽であるとして、違法なパワハラとなる余地はあります。

2 なんのサポートもせずに叱責する

30代女性。上司が「君に任せるよ」と言ったきり、指導もせず仕事を丸投げ。進捗共有のタイミングで、業務状況を報告したところ、「どうしてこれはやってないのか」「コストが高すぎる」などと文句ばかりを言う。「任せる」と言ったのに！　指導もしないのに、文句ばかり言ってくるのでやる気が削がれる。

労働者は会社の指示命令に従って労務を提供する義務がありますが、労務提供の内容や方法が明確でなければ、義務を履行しようがありません。

ゆえに、**会社には労働者に労務を提供させる前提として、業務の内容や処理方法を明確にすべき最低限の義務がある**といえます。

そのため、会社が労働者に対してなんの説明もサポートもなく労務提供を命じた場合、会社として果たすべき義務を果たさない業務指示として、違法の問題が生じる可能性はゼロではありません。

もっとも、会社が業務内容について、「どこまで説明やサポートをするべきか」は簡単な問題ではありません。少なくとも、**会社は労務提供が客観的に可能な程度に説明やサポートをすれば十分で、労働者が100％納得するまで説明やサポートをする必要まではない**でしょう。

そのため、労働者自身が納得するような説明やサポートがないから、という理由でパワハラの主張をしても、その主張がただちに正しいことにはならないと考えます。

ただし、部下が未経験の分野について、なんの引き継ぎやフォローもなく仕事を丸投げし、「期待通り処理されていない」などと厳しく叱責するケースもあります。このように、客観的に明らかな理不尽があるような場合は、パワハラが認められる余地があります。

本件の場合、たしかに上司が部下に対して仕事を丸投げしている様子はあるようです。しかし、上司との間で適宜業務の進捗が確認されており、上司が部下を完全に放置している事案とまではいえなさそうです。

また、上司が「任せる」と言ったからといって、部下が対象業務についてすべての決定権限を持っていることにならないのは当然であり、上司が部下に進捗確認した際にネガティブなコメントがされることは十分にありえることです。

部下からすれば「勝手なことを言いやがって」と不満に思う気持ちは理解できますが、だからといって上司の行為は違法なパワハラということにはならないのです。

もっとも、当然、仕事の任せ方にも許容範囲はあります。

たとえば**「上司が仕事を丸投げしつつ、期待通りにならないとひどく叱責する」**ような状態が繰り返されれば、上司と部下の関係性が悪化するだけでなく、部下の心身に不調が出る恐れもあります。

結果、部下の職場環境が大いに阻害されたとして、パワハラと評価される余地も生じてきます。

上司側は部下とのコミュニケーションが円滑になるよう、業務を開始する前に仕事の方向性、進め方について丁寧に説明したり、認識を共有したりするなど工夫すべきでしょう。

3 部下の過去の失敗を何度も話題に出す

30代経理職の男性。上司が「こいつは顧客に請求する金額を1桁間違えたことがある。顧客はカンカンで、謝りにいったときは大変だったんだ」などと何年も前のミスを後輩の前で言う。そのミスをしたあとは、大きなミスをしたことは一度もないのに、請求手続きの作業をするたびに「また間違えるんじゃないか？」などと言ってきて嫌な気分になる。

まず、前提として仕事でミスした場合に、注意指導されるのはやむをえません。会社は事業を円滑に進めるために、ミスを再発防止する必要があるからです。

そのため、会社が過去の事柄をふくめて注意指導を繰り返したとしても、これが再発防止の目的の範囲内で行われているような場合には、ただちに問題があることにはなりません。

社員が同じミスを何度も繰り返している場合、過去の問題もふくめて改めて注意指導することは、再発防止の観点から必要性が否定されず、パワハラには当たらないでしょう。

しかし、今回のケースのように、意味もなくなじる、ネタとしていじるなどの行為は、会社による注意指導が再発防止の目的から外れたものといえます。

このように、**もっぱら相手に精神的苦痛を与えたり、その職場環境を害する目的で行われたりしているような場合には、権限を濫用する行為として、違法の問題が生じてくる**でしょう。

同じミスをしていないのに、脈絡なく過去の失敗を取り上げてことさらに相手を吊し上げたり、貶めたりする行為は、再発防止の目的から外れていると認定されやすいです。

このような行為が繰り返された結果、社員に著しい精神的苦痛が生じたり、その職場環境が害されるようなことがあれば、パワハラと評価される可能性はあります。

Point

「仕事を丸投げしているのに、できていないときに叱責する」行為はパワハラになる可能性も。

仕事の進め方や認識を、部下と丁寧に共有すべき

必要もないのに過去の失敗を蒸し返す行為は、パワハラと評価される可能性がある

法律コラム 2

パワハラの違法性とは？

「パワハラが違法な行為である」というのは、社会に広く認識されています。しかし、その意味を正しく認識している方は、それほど多くはないかもしれません。

ここでは「パワハラの違法性」について、ご説明していきます。

まずパワハラは、暴行、脅迫、詐欺のような犯罪行為として法律で禁止されているものではありません（個別の行為がこれに該当することはありえるかもしれませんが）。

そのため、ここでいう「違法」とは、純粋に「民事的な意味での違法性（私人間の権利・義務を規律する法規範に違反しているということ）」を意味します。

では、民事の規範に「パワハラは違法である」という規律があるかというと、じつはそのような規律も存在しません。

労働施策総合推進にもパワーハラスメントを定義づける定めはありますが、このパワハラに該当する行為が違法であるとか、これに該当する行為をすると、どうなるという定めはありません。そのため、意外かもしれませんが、**パワハラの違法性を直接規律する法律は存在しない**のです。

では、どうしてパワハラが違法だといえるのか。

それは**パワハラが「私人間の損害賠償責任を導く不法行為」という法規範に抵触する**と考えられているからです。

この不法行為とは、民法では、「故意または過失によって、他人の権利または法律上保護される利益を社会的に許容される限度を超えて侵害する行為」とされており、不法行為を行った者は、これにより生じた損害を賠償する責任を負うことになります。

パワハラは、**「加害者側の故意または過失により被害者が職場で平穏に働く権利・利益を社会的に許容される限度を超えて侵害する行為」**として**「不法行為」**と評価されるものであり、パワハラが違法であるという意味もここにあります。

また、パワハラを行った加害者の責任については、どのような範囲での責任となるのでしょうか。

最終的には「不法行為者」としての責任になるので、加害者は不法行為に基づいて**相手の損害（肉体的損害や精神的損害）を賠償する責任を負う**ことになります。

06

「上」の命令は絶対？

今日中にこのレポートをまとめてくれ!!
あ、いや明日でいいや…それより資料つくってくれ！
今日じゃなくて明日ですね…？資料やりますっ
いや、今、社長から指示がきた！最初のレポートやってくれ！
早急に売り上げレポート用意してな！
グレー株式会社灰崎社長
え…もう定時近いのにレポート…？
なんでもっと早くできないんだ！おかしいだろっ
社長も怒っているぞ!!
えっそんなっ
さっき取りかかったばっかりですよ!!
はァー辞めたい…
べつに辞めてもらってもかまわないケド～
ハア…

会社員であれば、誰しも「上の言っていることがコロコロ変わってしんどい！」という経験をしたことがあると思います。

とくに「オーナー企業」の場合だと、社長の意見が絶対で、社長の気分次第で新規事業が始まったと思ったら、あっというまにその事業がなくなる、といったこともあるようです。

オーナー企業とは、一般的には「会社代表者が会社株式を100％保有している企業」を意味します。会社代表者には業務執行全般を取り仕切る決定権限があり、また、会社株主は会社そのものの所有者です。

つまり、オーナー企業とは、会社所有者が会社の業務を直接取り仕切っている企業であり、オーナーには会社の絶対的な権限があるといっても過言ではありません。

そして、中小・零細の企業には、このような「オーナー社長」が経営を担っているケースがよくあります。

そもそもですが、オーナー会社では社長、またそれに追随する管理職の言うことは絶対なのでしょうか。

まず、オーナー社長とは、一般的には、会社の代表取締役であり、かつ、会社の100%株主である社長のことをいいます。

株主は会社（株式会社）の所有者というべき存在であり、会社の利益について法的な権利を有する立場にあります。

また、代表取締役は会社の事業運営の全権を持つ存在であり、会社の意思決定について絶対的な権限を持っています。そのため、オーナー社長が自分の会社で好き勝手にふるまうのは、その立場からすればある意味当たり前といえます。

しかし、会社と労働者の関係はあくまで雇用契約で結びつく契約上の関係です。**オーナー社長が会社を支配できる立場にあるからといって、労働者まで絶対無制限に支配できるはずがありません。**そのふるまいが雇用契約上許される範囲を超えるような場合は、当然その行為は違法となります。

違法なパワハラであれば、いくら会社の支配者であるからといって、それが許される道理はないのです。

1 指示をコロコロ変える

20代女性。社長と社員合わせて6人の会社に勤めているが、創業者の社長が思いつきで仕事を進めるのがきつい。社長が「すぐに市場の状況を調べろ」と言うので市場調査をしていたところ、「なんで事務仕事ばかりしているのか。自分の足で営業してこい」などと言う。

オーナー社長の指示内容がコロコロ変わるような場合、社員がその対応に苦慮することは想像に難いものではありません。

このような業務指示にそもそも従う必要があるのか、という疑問を持つのは当然でしょう。

しかしながら、事業運営にはある程度の流動性はつきもので、オーナー社長の指示内容が変遷することも一般的にはありえることです。

そして、**雇用契約では、会社は労働者に対して「一方的な指示・命令をする契約上**

の権利」があるので、たとえ朝令暮改の指示であっても、労働者は原則としてこれに従うべき立場にあります。

そのため、社長の指示がコロコロ変わるというだけでは、ただちに違法なパワハラと評価される可能性はほとんどなく、その指示に従わなければならないのが原則論といえます。

しかしながら、社長の指示内容がコロコロ変わるだけでなく、指示に従って行った対応について責任転嫁されて叱責されたり、低評価による降格などがされたり、という場合は話が少しちがいます。

雇用契約があっても、理不尽な指示・命令までを許容するものではありません。

社長側に常識に照らして明らかに理不尽な対応があれば、業務上適正な範囲を超えたパワハラと評価されることはありえます。

2 現場の声を経営に取り入れない

オーナー企業に勤める、30代男性。管理職に会社の改善点を述べても、まったく反映されない。管理職は社長の意見を現場に伝えるだけで、現場の声を経営陣に上げてくれない。管理職も社長に不満を抱えているにもかかわらず、「社長がこう言うから……」と、ほぼ無力化している。

オーナー社長やそれに従う管理職が、一方的に指示ばかりして現場の声をまったく聞かない、というケースもよく見られます。現場からするとパワハラのように感じる場面ですが、法律的にはどうなのでしょうか。

雇用契約の原則論からすれば、オーナー社長には社員に対して一方的な指示・命令をする権利がある一方、指示・命令をするにあたって現場の意見を聴く義務があるわけではありません。

そのため、社長が指示ばかりで意見を聴いてくれない、という状況がただちに違法かといえば、答えはNOとなります。

したがって、今回のケースの場合も雇用契約の原則論からすれば、ただちにパワハラである、ということにはなりません。

しかし、このような状況にも限界はあります。たとえば、

- 社員が体調不良で就労できる状態にないことを訴えているのに、無視して無理に仕事をさせる
- 法律上許容されないような長時間労働に従事していることを認識しながら、さらに長時間の残業を命じることを繰り返す

このような場合には、その言動が法的に許容されないものとして、パワハラと評価される可能性はあります。

3 「辞めてもらってもかまわない」と言う

オーナー企業に勤務する30代男性。管理職に意見したところ、「会社の方針に従えないなら、辞めてもらってもかまわない」「だいたいお前は生意気なんだ」などと言われた。

オーナー社長や管理職の指示命令について社員が異論を述べたとき、それに対する叱責や非難する行為はどこまで許容されるのでしょうか。

前述の通り、オーナー社長やそれに追随する管理者は、社員に対して一方的な指示・命令をする正当な権利があります。

しかし、常識的に許容される叱責や非難にも限界があります。

たとえば、社員が業務指示に対して意見や考えを述べただけなのに、烈火のごとく激怒して、相手の人格を否定するような罵詈雑言を吐くことは、正当な権利行使として許容される範囲をはるかに超えていて、常識的に許容される行動とはいえません。そもそものように激怒する業務上の必要性もないので、パワハラと評価される可能性が高いです。

同様に、意見や考えを述べただけの社員に対して、何かしらの懲戒処分をしたり、降格・降給などの人事処分をしてダメージを与えたりする行為も、業務上の必要性が否定され、常識的に許容される範囲を超えているといえます。その場合は、パワハラとなる可能性が高いでしょう。

本件はオーナー企業を念頭にした事例ですが、オーナー企業でなくとも社長や管理職が社員に対して**「辞めてもらってもかまわない」**など、その雇用不安をあおるような言動をしたり、**「生意気だ」**などと人格を否定する発言をしたりすれば、やはりパワハラと評価される可能性は十分にあります。

オーナー企業の場合は、社長側には絶対的な権限があることがほとんどなので、社長側の人間がこのような発言を行った場合に、社員に与える恐怖や苦痛は相対的に大きいといえそうです。

Point

オーナー社長には、社員に対して一方的な指示・命令をする権利がある

指示をコロコロ変えるだけなら違法性はない。しかし、指示を変える際に部下に責任を押しつけたり、低評価にしたりした場合は、パワハラになる可能性がある

社員が体の不調を訴えているのに無視することは、違法性を帯びる

「辞めてもらってもかまわない」「生意気だ」などの発言は、雇用不安をあおったり、人格を否定したりするもので、パワハラに該当する可能性がある

07

部下・後輩の成果の横取りはセーフ?

自分が提案した企画を上長の名前で起案された、取引の成約案件を上司の営業成績にされた、などの経験がある方もいるかもしれません。

仕事の成果を他人に横取りされるのは、これほど屈辱的なことはないでしょう。他人の手柄を自分のものとする行為は、パワハラに当たらないのでしょうか。

この問題は一見すると簡単そうに見えますが、法律的な観点からは、それなりに複雑な検討が必要となります。

それというのも、**職場での社員は雇用契約に基づいて労務提供の義務を負っているにすぎず、その労務提供を適正に評価してもらう権利まではありません。業務評価については、会社側がこれを評価・査定する権利があるにすぎないのです。**

もちろん、評価・査定が社員の雇用契約上の権利（たとえば、昇格の権利や賞与の権利）に直接結びついている場合であれば、会社側において評価・査定の裁量逸脱があるとして不当な評価を争う余地はあります。逆に、このような権利・利益が結びつかない場合には、労働者側が会社の評価・査定を直接的に争うことは難しいのが実情です。

ただし、上長が部下の業績を横取りするような行為は非常識であり、部下に無用な屈辱を与える行為として、その職場環境を害するものという評価はありえます。次のケースを見てみましょう。

1 手柄を横取りし、担当も変える

20代営業職の男性。新規顧客開拓をして、大手の企業から大型の受注を得たにもかかわらず、上司がそれを自分の手柄にして、自分は担当から外され、上司が大手企業の担当になってしまった。「絶対おかしい」と思うが、上司の嫌がらせを恐れて、何も言うことができない。

本事例のように、自身が一生懸命進めてきた案件について、突然担当から外されたら、納得できない気持ちになることは当然です。では、このような担当変更はそもそも許されるのでしょうか。

原則論からいえば、**会社には従業員の担当業務を都合により変更する裁量がありま**

す。したがって、今回のケースのような担当変更も基本的には適法です。

意外かもしれませんが、雇用契約では社員の業務は会社が決定するものであり、社員側が特定の職種や職務に就くことを要求したり、担当先のプロジェクトを選んだりすることはできないのです。

そのため、会社による業務変更も許容された裁量の範囲内で行われるかぎり、社員は従う義務があり、業務変更がパワハラであると評価される余地はありません。

しかし、**このような唐突な業務変更が、部下にことさら精神的苦痛を与えることを目的として行われたような場合や、明らかに業務上の必要性がないような場合には、会社に許された裁量を超える行為として、パワハラと評価される余地はあります。**

さらに、社員の昇格や賞与に明白な悪影響が生じる場合には、社員に対して不当な不利益を与えるものとして、パワハラと評価される可能性は高まるといえそうです。

今回のケースでも、部下からすれば「業績を横取りされた」と感じ、不快に思うことは、十分理解できます。しかし、担当者を変更する行為＝パワハラ、とはならないことは、先に述べたとおりです。

この点については、担当変更の理由・必要性や担当変更によって、**「労働者側に具体的な不利益が生じているか」**など、客観的に違法性を基礎づける事情があるか、慎重な検討が必要と考えます。

本人が「自分が担当であるべきだ」「この仕事は自分の業績だ」と思っていても、客観的・総合的に見ればそうともかぎらないことも往々にしてあります。

そのため、本件のような場合に、パワハラを主張するのであれば、慎重かつ冷静な検討は必要であろうと思われます。

Point

担当変更は基本的に合法。しかし、相手に精神的苦痛を与える目的で行われた場合や、給与や昇格に悪い影響を及ぼす場合は、パワハラになる可能性もある

法律コラム 3

「パワハラ」は何が原因で起きるのか

パワハラは何が原因で起きるのでしょうか。

ここでは、日本の文化的な側面から少し掘り下げて考えていきます。

日本では、古来より**「上意下達」**の精神が人々の意識に根強く広がっていました。

上意下達とは、「上位の者の意思や命令を下位の者に伝え、徹底させること」という意味です。

近代社会となって身分制度が撤廃されたあとも、**「上の命令は絶対である」**という風潮・文化は長く続いてきました。

昭和・平成時代になっても、上下の規律が相対的に重んじられる会社組織では、「上の命令は絶対」という風潮が風化することなく、しぶとく続いてきたように思います。

他方、近代以降、世界的に**「個人の権利や人格は何より尊重されるべきである」**という個人主義的な考え方も急速に広まっていきました。

伝統的な「上意下達の精神」は、いわば**「全体主義的な考え方（組織運営のためには内部にいる個々人の権利・利益は制限されるべきという考え方）」**に由来するもので、無論、個人主義的な精神とは相反するものです。

そのため、現代の日本社会では、日本古来の**「全体主義」**と、近代以降、世界的に急速に広まった**「個人主義」**の両者が激しく衝突する場面が多く見られているように思います。

たとえば、個人主義の部下であれば、高圧的な上司に対し、「上の立場だからといって何をしてもいいわけではない」と感じるのは当然ですよね。

ワンマン社長と1年で辞めた新人

パワハラが、このような**「全体主義的な考え方」と「個人主義的な考え方」の衝突によるもの**であると考えると、ハラスメントしている側、ハラスメントされている側の心理もずいぶんと理解しやすくなります。

たとえば、ワンマン経営の会社のA社長と、新人である社員Bの間に生じた問題を例として考えてみましょう。

A社長は、自分の過去の成功体験から、会社は強いリーダーシップの下で結束することで健全な経営が維持されると考えており、社員に対しても強い一体感を持って指示に従うことを求めていました。

そのためか、A社長は社員に対して次のような接し方をしていました。

1 社長が決めた業務方針や業務スケジュールを絶対視し、これに外れた場合に強く叱責する

2 社長の期待通り仕事をしない場合や仕事で大きなミスがあった場合、社内でこのことを周知する。対象となる社員を叱責すると共に、連帯責任として他関係者も叱責する

3 会社の行事や飲み会への参加について、個々人の予定をキャンセルさせても出席を求める

4 スケジュールの都合を優先し、担当外の社員に仕事をさせる

社員Bは、A社長によるこれらの接し方は、社員自身の意見や考え方への敬意や配慮を欠くものではないかと強い違和感を覚えていました。

しかし、A社長が会社組織のトップであり反論しにくい相手であることや、他の社員は長年の経験か

らA社長の接し方に慣れてしまって、うまく対応していたことから、A社長に対して自身の違和感を伝えられないままでした。

結局、社員Bは会社にうまくなじむことができないまま、1年で会社を辞めてしまいました。

上記のA社長の**1**〜**4**の言動が法律的なパワハラに該当するかどうかはひとまず脇に置いておいて、このような場面は、どこの会社でもめずらしくない光景のように思われます。

そして、A社長の接し方が上意下達（全体主義）の精神に由来するものと考えれば、いいかどうかはさておき、人間心理としては理解できるでしょう。

他方、社員Bの違和感も、個々人の権利・利益を重視する個人主義の精神に由来するものと考えれば、当然のものといえます。

そして、社員BがA社長に適宜・的確に反論ができなかったのも、結局、**「組織では社長の言うことを聞くものだ。他の社員はみんな言うことを聞いている」**という全体主義の精神に飲みこまれてしまったからです。

最終的には価値観の相違に耐えられず、組織から外れる（退職）という選択を取ったのも、その気持ちは理解できます。

このようにパワハラは**「相反する価値観の衝突により生じる問題」**と捉えれば、各々の当事者心理は理解しやすいといえそうです。

そして何より重要なのは、**ここで対立するいずれの価値観も一長一短で、どちらの価値観が絶対的に正しくてどちらの価値観が絶対的に間違っているということではなく、いずれが正当であるかは場面や状況に応じて容易に変容しうる**ということです。

つまり、パワハラの場面では、何が正しく、何が間違っているかは、一定かつ公正な判断基準に基づいてケース・バイ・ケースの判断が必要となるのです。

08 大量の仕事や未経験の仕事を任せたら、パワハラになる？

入社したばかりなのに、引き継ぎもなく大量の仕事をアサインされる、まったく未経験の業務をなんのトレーニングもなく処理させられる……。

少し難易度が高い程度であれば、レベルアップのために必要といえそうですが、自分の能力や経験を明らかに超えた仕事を処理させられるのは、不安になって当然です。

では、このように過剰な仕事を命じる行為は、法律上問題がないのでしょうか。

まず、会社は雇用契約に基づいて、**社員に対して一方的に仕事を指示・命令する権利**があります。そしてこの権利には、**「誰に対して」「どのような仕事を」「どのくらいの分量させるのか」**を決定する権利もふくまれます。

そのため、社員側で業務量や業務内容が自分の能力に対して重たいと考えたとしても、会社がこれを指示する行為がただちに問題となることはありません。

しかしながら、このような会社側の裁量にもやはり限界があります。

社員に過大な仕事をやらせることで、肉体的・精神的苦痛を与えたり、その職場環境を害したりすることは、パワハラと評価される可能性があります。

1 大量の書類整理を1人でやらせる

20代女性。新しい会社に転職したところ、初日から1000枚を超える資料のファイリングを命令された。誰も手伝ってくれる人がいないため、帰宅するのが深夜に及んだ。このような仕事がまたあるのかと思うと不安でしかたない。

上司が部下に対して書類整理を命じた場合、単にその分量が多いという理由のみで違法なパワハラと評価されることは、まずないと思われます。しかし、業務上必要な仕事でも、「過剰な業務」としてパワハラになることがあります。次のような場合が、業務時間が過剰となる典型的なパターンです。

- 連日、就業時間が終了する間際に大量の書類整理を依頼され、長時間労働を強いられる
- 大量の書類整理のために、土日返上での連続勤務を強いられる

また、一度整理したファイルを合理的な理由もなく、何度も再整理を命じるなど、あたかも賽《さい》の河原の石積みのような業務指示を繰り返すような場合も、パワハラとなる余地があります。

2 未経験の仕事をいっさいサポートせずに処理させる

40代女性。未経験の仕事に転職した直後、専門的な知識や技能が必要なリーダーの仕事を要求され、うまく進められない。「君ならできる」と言われて、具体的な指導もなく困っている。

会社が労働者に対して仕事をさせる場合、必ず経験のある業務をさせなければならない、という法律上のルールはありません。

そのため、アサインした仕事が未経験であるという理由だけで、その業務指示が問題となることはありません。しかし、

- 未経験の業務ばかりをアサインし、いっさいサポートせずに放置する
- 未経験だからこその失敗があった場合、その都度厳しい叱責を繰り返す

こういった行為が続くようであれば、労働者の職場環境を悪化させる行為であり、職場環境の配慮義務に反する業務指示といえ、パワハラだと評価される可能性がかなり高まります。

Point

- 上司が頼んだ仕事のせいで、部下の業務が過剰になる場合は、パワハラになる可能性がある
- 部下に未経験の仕事を任せること自体は問題ないが、まったくフォローしない場合は、職場環境に配慮する義務違反となり、パワハラになる可能性がある

09

この業務命令、違法になる？

「ブラック企業」という呼称は、今ではすっかり社会に定着していますね。

かつては、恒常的に長時間労働がある企業や、サービス残業が当たり前の企業などを主に指していましたが、昨今ではコンプライアンスを軽視する企業を指すことも多いようです。

法律的にアウト、またはグレーな指示だとわかっていても、周りがやっているから自分もやらざるをえないという話はよく聞きます。

そもそもですが、本来やってはいけないことを、組織の命令だから、周りがやっているからなどの理由でやっていいのでしょうか。


まず、企業と労働者の関係は雇用契約関係にあり、雇用主は労働者に対して指示・命令をする契約上の権利があります。

そのため、労働者は原則として、雇用主の指示命令には従わなければなりません。

しかし、このような権利義務は、あくまで雇用契約の枠内で許容されるものにすぎません。

そのため、**雇用主が労働者に対して法令に違反する指示・命令や、犯罪になるような指示・命令をしても、その命令は無効であり、労働者はこれを拒否できます。**

そして、労働者に違法な命令を強制する行為は、いかなる理由があっても社会的に許容される余地はありません。

業務との関連性や必要性を検討するまでもなく、業務上適正な範囲を超えたパワハラと評価されます。

1 詐欺まがいの営業活動を強いる

美容エステでカウンセリング業務を行っている20代女性。ダイエット目的でやってきた客に、BEFORE、AFTERを加工した写真を見せて、あたかもこのエステを行えば痩せるように見せたり、肌がツルツルになるように見せたりして、高額な化粧品を販売している。加工した写真を見せて、施術を受ければよい結果が出るように謳い、高額な契約を結ばせるのは詐欺に近いのでは、と不安がある。

企業が利益のために営業活動を行うこと自体は正当な活動であり、そのような活動の範囲内で指示・命令がされる場合には、問題にはなりません。

しかし、営業活動が明らかに詐欺である場合や、詐欺的であるような場合には、もちろん問題があります。

たとえば、本件のように、美容系のサービスを提供するようなケース。

科学的にはまったく根拠がないにもかかわらず、あたかも科学的根拠があるような断定的な説明を行う悪徳企業は少なくありません。営業トークによって、確実に効果があると誤信させ、高額の施術や美容品を販売する行為は問題ないのでしょうか？

結論からいうと、**企業側が「効果がない」と認識している場合は、詐欺行為になりえます。**

そのため、企業側において組織的な詐欺行為を完遂すべく、社員に対して顧客を誤信させる説明を行うよう命じることは、業務上必要であっても、社会的に許容される余地はありません。

詐欺になりえる営業活動を指示・命令することは、それ自体が業務上適正な範囲を超えたパワハラとなります。

修理品をわざと傷つける行為は「器物損壊罪」に該当する

昨今、大手中古車販売業者において、修理対象の車をわざと傷つけることで、修理費を負担する損保会社に過剰な修理費を請求するなど、悪質な行為を組織的に行っていたことが発覚しました。

修理対象品にわざと傷をつける行為は、「器物損壊罪」に該当する犯罪行為です。

また、損保会社に事故とは関係のない損傷を事故によるものと偽って修理費を請求する行為は、「詐欺罪」に該当する犯罪行為です。

そのため、このような犯罪的な手法で利益を上げる行為は、社会的に許容される余地はありません。仮に企業内部において、「どこもやっている」「これくらいは当たり前である」などと言って、加担するように求められたとしても、労働者がこれに従う義務はありません。

また、労働者が「そのような犯罪に加担したくない」と言っているのに、これを無視して無理やり指示通りの対応を強制したり、従わないことで組織内で解雇や配置転換や懲戒処分などの不利益を与えたりした場合、業務の適正な範囲を超えたパワハラであると評価される可能性は高いといえます。

一方で、詐欺などの明らかな違法行為を命じる場合と異なり、顧客よりも企業側の利益を優先するような業務指示を出す行為については、慎重な検討が必要です。

なぜなら、**営利企業はあくまで「営利を追求すること」を目的に存在するのが基本原理であり、ある程度自身の利益を追求することは許容される**ためです。

仮に労働者側がその企業姿勢に疑問を持つことがあったとしても、その企業姿勢や業務指示に違法性がないのであれば、労働者が自身の信念や価値観を理由に会社の命令を拒否することは、許容されない場合が多いと考えます。

そのため、違法とまではいえないケースでは、労働者が「倫理的に問題がある」と考えたとしても、企業の業務指示がただちにパワハラに該当するわけではないと考えます。

2 安全性を確保していない中で危険作業を求める

食品工場勤務の40代男性。人手不足のため、本来10人で行う業務を6人で担当している。明らかに人が足りず、安全注意不足で、機械に巻きこまれる事故もあった。上司に人を増やしてほしいと頼んでいるが、「募集しても人が来ないんだ」と言われ、無理な業務を行っている。

工場や工事現場などの職場では、労働者が一定の危険な作業に従事することがあります。たとえ危険な作業であっても、これが仕事として必要であれば、労働者は指示・命令に従ってこれに従事しなければなりません。

しかし、企業は労働者に対して法律に基づいて**「安全配慮の義務」**を負っています。

そのため、企業側が労働者に対して安全基準を満たさないような作業を命じたり、客観的に安全性が確保されていないことが明らかな作業を命じたりすることは、安全配慮に違反する違法な業務命令に該当します。

したがって、今回のケースのように、明らかに作業人数が足りていないのに、上司や上長が危険のある作業を強いることは、業務上適正な範囲を超えたパワハラと評価される余地は十分にあります。

Point

- 詐欺行為に社員を加担させることは完全に違法
- 業務が「倫理的に問題がある」程度では、違法にならない
- 明らかに対応する人数が足りていないとわかっていながら、危険業務に携わらせる行為は、パワハラに該当する可能性がある

10 給料を下げるのってパワハラになる？

給料は働く人の生命線であり、労働者の正当な権利です。

しかし、悪質な会社では、入社前に提示していた給与と実際の給与が異なる（低い給料が嫌なら入社を取り消すことを匂わせる）や、業務でミスをしたから給与を減らすなど、不当な圧力をかけることがあるようです。

このような企業側による一方的な給与の減額は、許されるものなのでしょうか。

まず、労働者の給与は雇用契約で明確に決まっているため、会社が労働者の同意なく、これを一方的に減じることは原則として許されません。

しかも、この同意も軽々しく認められるものではありません。

労働者側が給与の減額に同意することに合理的な理由があると客観的に認められるような場合でないかぎり、裁判所は同意があったと認めない傾向にあります。

そのため、**一般的には企業が労働者の給与を勝手な判断で減じることは許されません**（社内規程で、給与を減額する仕組みやシステムが明確かつ具体的に決まっている場合には、減額ができる場合もありますが、そのような明示的なルールがないかぎり、給与を減じることは非常に困難です）。

したがって、会社が労働者に無理難題を押しつけたり、労働者を糾弾する手段として、一方的に賃金を減額したりすることは、基本的には違法です。労働者に対して、業務上の事柄を理由にこのような賃金減額を実行したり、ちらつかせたりする行為は、違法な手段によってその職場環境を害するパワハラ行為と評価される可能性が高いといえます。

この点をふまえて、事例ごとに検討していきましょう。

1 一方的に賃金を減額する

知り合いから誘われて、転職した50代男性。業界では名の知れている営業マンで、企業側から高額の給料を提示されたため、ステップアップのため転職した。最初の1年は提示された年俸の通り支払われたものの、翌年からは「営業成績が悪く、期待通りの働きをしていない」「業務ミスをしたので、会社に損失が出た」などの理由で、200万円も年俸を下げられた。

会社が労働者の賃金を一方的に減額するためには、賃金減額の仕組みやシステムを明示的にルール化するか、労働者による真摯な同意を得る以外に方法はありません。

これ以外の方法で行う賃金の減額は、法律で許容されているもの（たとえば欠勤の場合の欠勤控除や懲戒処分として行う減給など）以外は違法です。

本件は、**営業成績が悪く賃金に見合う働きをしていない、本人のミスのせいで会社に損失が生じたので補填してもらう、など一見もっともらしい理由のように聞こえますが、そのような会社側の都合で賃金を減額することは断じて認められません。**

とくに、賃金に関する労働者の権利は強く保護すべき、というのが昨今の社会的風潮です。企業側による恣意的な労働者の権利の侵害は、社会的に強い非難に値するものであり、裁判所の心証も極めて悪くなるのが実情です。

したがって、私生活上の問題や仕事上の理由の有無にかかわらず、労働者の賃金を一方的に減額する行為は、基本的に違法と考えるべきでしょう。

業績悪化で賃金を下げるのはアリ？

他方、このようなペナルティとして賃金を不当に引き下げる場合と異なり、業績悪化などの会社側の都合で賃金を引き下げる行為には別途の検討が必要です。

まず、**業績悪化を理由に会社がなんら契約上の根拠もなく、社員の給与を一方的に引き下げる行為は許されません。**

これが違法なパワハラになるかどうかは別として、このような賃金減額はそれ自体が法的に無効であり、社員は差額を支払うよう求めることができます。

一方で、**会社が業績悪化を根拠として賃金規程を改定し、社員に支給する手当の全部または一部を一律で廃止する等の対応は、必ずしも違法というわけではありません。**

就業規則や賃金規程について、会社はその合理性が否定されない範囲で改定する権限があり、社員は適法な改定には従う義務があるからです。

もちろん、このような改定も、「合理的な範囲でされなければならない」という縛りはあります。適正な手続きを踏んだ上で賃金を減額する行為は、適法なものとして許される場合があることに留意しましょう。

求人広告と労働条件が異なる場合は違法？

なお、少し毛色のちがう話ですが、求人広告の労働条件を見て応募したが、いざ採用となり、企業側から提示された条件が、求人広告通りではなく、応募者にとって不利な内容であった、というケースはどうでしょう。

このようなケースでは、そもそも労働条件が提示されたのみであり、労働契約が成立していないので、これを前提としてパワハラではないかとする問題は基本的に生じません。しかし、このような求人広告で人を釣るような行為が許されるのか、という点は問題となりえるでしょう。

まず、原則として、**会社は求人広告の内容に拘束されることはなく、採用時点で求人広告と異なる条件を提示すること自体は許されます。**

そのため、求人広告の内容よりも提示条件が不利であったということのみで、会社の行為が違法であるということにはなりません。

もっとも、会社側から求人広告の条件を保証するような言動があり、これを信じて前職を退職していたような場合はどうでしょうか。

採用時に提示された条件が求人広告と大きく乖離し、その条件であればそもそも応募しなかった、と客観的に認められるような場合には、会社に労働者側の合理的な期待を裏切ったことへの法的責任があると判断される可能性はあります。

このあたりの判断はケース・バイ・ケースなので一律にはいえませんが、採用前であっても、会社が労働者に対して違法の責を負うことがある、と留意しましょう。

2 業務ミスの罰金として給与を減らす

保険代理店で店長をしている30代男性。毎月のノルマが課されており、目標が達成できなかった場合、会社の慣習として10万円前後の罰金が徴収される。徴収されたお金は目標達成した他店舗の店長に渡されていた。

仕事上のミスや成績不振を理由に、「罰金」と称して金銭を召し上げる行為。これは、「賃金に対する権利への圧力」という意味では、一方的に賃金を減らされたケースと共通です。今回のケースのような「罰金」は、基本的にはその正当性を認めることはできず、これを徴収したり要求したりする行為は、違法なパワハラとなる可能性が高いです。

なお、「罰金」と似て非なる概念として、遅刻の場合の「欠勤控除」や「懲戒処分としての減給」があります。

まず、遅刻の場合に欠勤控除として、遅刻時間に相当する賃金が減らされることがありますが、これは適法です。

雇用契約には**「ノーワーク・ノーペイ」**という原理原則があります。**「労働者は就労分の賃金のみ請求できる（就労していない分の賃金は請求できない）」というルール**です。

遅刻の場合には、本来働くべき時間に働いていないことになるので、働いていない時間に相当する賃金は、減額するのがルールです。そのため、欠勤控除は適正な範囲で行われているかぎり、違法性はありません。

次に、懲戒処分としての減給について、企業が業務上の制裁措置として減給を行うこと自体は、労働基準法によって許容されています。そのため、懲戒権の行使として適正な範囲に留まるかぎり、労働者に対する減給処分は適法です。

なお、減給処分は、あくまで懲戒権の行使として適正である場合にかぎり許容されるもので、企業側が恣意的な理由でこれを行うことは許されません。たとえば、懲戒事由が就業規則等で明記されており、かつ、減給処分の内容が法令で許容された範囲（1回の処分につき平均賃金日額の半額を超えないこと）で行われていることは、最低限守られている必要があります。

欠勤控除や減給処分が許容される範囲を超えている場合には、「罰金」と同様に「違法な賃金控除」となるので、注意しましょう。

3 賞与を出さない

20代女性。転職する際の求人情報には、「賞与、年に2回」と書いてあったのに、業績悪化を理由に賞与が出なかった。他の社員にも一律賞与が出なかったようだが、これなら転職前の給料のほうが高かったので、詐欺ではないか。

労働者にとって、給与と同じように大事なのが賞与です。

とくに日本企業では、賃金の少なくない範囲を定期賞与が占めていることもあり、賞与支給額は労働者にとって死活問題にもなりかねないものです。

そうすると、賞与についても手厚い保護がありそうな気がしますが、じつはそうでもありません。

日本の法律では「月額賃金」と「年間賞与」は性質が若干異なるものと捉えられています。多くの場合、**月額賃金は「確定的な権利」であるのに対し、年間賞与は「不確定の権利である」**と考えられています。

一般的な企業では、賞与について金額や計算方法を明確にルール化しているところは少なく、大多数の企業では「賞与は支給することがある」という曖昧な書き方をしています。

そのため、賞与については、支給の可否や金額について、企業側にある程度広い裁量が認められているのが実情です。社員ごとに、ある程度支給に差を設けたとしても、ただちに違法となるものではありません。

しかし、**企業側の裁量も絶対無制限ではなく、賞与の支給のしかたがあまりに不公平であるとか、理不尽であるような場合には、その裁量権を逸脱したものとして違法となる可能性があります。**

今回のケースのように賞与がいっさい出なかったとしても、会社の業績が非常に悪く、他の社員も同様に0円である場合には、違法と評価される可能性は低いように思われます。

一方で、他の社員には前年と同程度の賞与が支給されているのに、自分だけ賞与支給がされなかったというケースでは、これを正当化できる特別な事情がないかぎり、不当な差別と評価されるように思われます。

たとえば、軽微な業務ミスを理由に賞与支給を0円とするといった極端な対応は、違法なパワハラと評価される可能性が高いと考えます。

Point

「成績が悪い」「仕事のミスで会社に損失が出た」などの理由で一方的に賃金を下げる行為は違法

業務悪化により、一律で給料を下げるのは必ずしも違法にならない

「罰金」は違法になる可能性が高い

欠勤控除や減給処分は許容範囲内であれば適法

賞与は「不確定な権利」だが、理不尽な理由で支給しない場合には、違法になる可能性が高い

11 私生活のことを手伝わせる

思いやり
チェ〜ック！
え？
なんですか？
赤野ちゃんに
お願いなんだけど
またうちの子の習い事の
お迎え行ってくれる？
あと
お勉強も
見てやってくれ！
ハイ…
思いやり
チェックって何？
私用じゃん!!
おねえちゃーん
今日も私で
ゴメンね〜…
ん〜パパ
嫌いだから、いいよ〜
え
え…？
私
試されてる？

昭和、平成の時代、会社を精神修行の場と捉える風潮はあったように思われます。

このような理念の会社では、社員も精神修行の一環として、社長や上司の身の回りの世話までしてしかるべき、という偏った考えを持つ経営者もいたかもしれません。

また、社員は身内であるというアットホームな考え方を誤って解釈し、社長や上司が家庭内の事柄を部下に手伝わせることもあったでしょう。

しかし、時代は令和であり、現代においてそのような考え方は社会的に通用しないと言わざるをえません。

そもそも、社長や上司が私生活上のことを部下に手伝わせることは、法的に問題ないのでしょうか。


結論として、**本人が好意で手伝うのであればともかく、職制上の優位さを背景に手伝いを部下に強いる行為は、業務との関連性、業務上の必要性、態様の相当性のすべてが否定されるもの**といえます。

これにより相手に精神的苦痛を与えたり、相手の職場環境を害したりするようなことがあれば、それは違法なパワハラである、と言わざるをえません。

会社という組織は、雇用契約という契約関係で結びついている場にすぎず、上司と部下の関係も師弟関係ではなく、単なる雇用上の指揮命令関係があるにすぎないのです。

したがって、社長や上司の部下に対する命令権限は、あくまで業務処理に関連し、これに必要な範囲で行使できるだけです。仕事とは関係のない、私生活上の事柄について、そもそも命じる権限などはないのです。

1 部下に子どもの送迎を頼む

20代女性。30代の女性上司は、業務が立てこんでくると、自分の子どもを保育園に迎えに行ってほしい、と頼んでくることがある。これって業務命令なのか？

上司がどうしても仕事で抜けられない場合に、子どもの送迎を頼まれる。

この場合、職場での立場を抜きにして、あくまで友人または知人として好意的な協力を依頼するものである場合には、そもそも職場の問題ではないので、パワハラにはなりません。

本件の場合は、上司から任意の協力を求められているにすぎません。求められた側で断ることもできる、という場合であれば、ただちにパワハラにはならないでしょう。

しかし、これを拒否すると叱責されたり、無視されたりと、職場環境に実害が生じるようなケースでは、上長による事実上の強制行為と評価される可能性があります。

さらに、断ったら悪い評価をするなどは、その権利を濫用するパワハラと評価される可能性が高そうです。

2 子どもの勉強を見させる

30代男性。上司との雑談で「学生時代は塾講師をやっていた」と言ったところ、自分の子どもの勉強を見てほしい、と言われた。明らかに業務外だと思うのだが、対応しなくてはいけないのか？

上司が部下に対して有償で家庭教師を依頼することは、副業禁止などの職場のルールなどを度外視した場合、ただちに法的な問題があるとは思われません。すなわち、個人が、個人に対して、仕事を依頼するということは実社会ではよくある事柄であり、本件も上司という個人が部下という個人に家庭教師という業務を委託する取引にすぎないと考えれば、ただちに問題視されるものではないといえます（もちろん、職場のルールで社員同士の取引行為や金銭の貸し借りが禁止されていたり、副業が禁止されている可能性もあるので、その点は注意するべきでしょう）。

もっとも、このような行為はあくまで上司・部下が対等の関係で、取引の自由が保障される中で実施されるべきです。

たとえば、**本来有償で行われるべきものを無償で行わせたり、一般的なものよりかなり低い金額で長時間拘束したりというケースでは、上司・部下の関係を背景とした事実上の強制であり、違法なパワハラと評価される可能性はあります。**

本件は、上司が部下に家庭教師になることを軽く打診した程度の事案であり、これがただちにパワハラになるとは思われません。しかし、相手が拒否しているのに執拗に依頼を繰り返したり、相手が拒否したことで何かしら職場での不利益を与えたりする行為も、パワハラに該当する可能性があります。

Point

- 社長や上司の部下に対する命令権限は、当然、業務に関連しているものにかぎられる
- 私用の頼まれごとを本人が好意で手伝うぶんには問題ない。断ったら叱責される、無視されるなど職場環境に実害が生じる場合は、パワハラになる可能性がある
- 本来有償で行われるべきものを無償で行わせる、相場より低い金額で長時間拘束する、拒否しているのに執拗に依頼を繰り返すなどの場合は、パワハラになる可能性がある

第2章

バカにする、無視する……
その言動、一発アウト！

12

何度もミスする部下に「バカ」って言っていいですか？

上司や先輩が、部下・後輩に対して感情的な暴言を吐く。以前に比べて、このようなことは減ってきたかもしれませんが、昨今のニュースを見ているし、時代錯誤のような言動を続けている職場はあるようです。

いくら内容的には正しかったとしても、物事には言い方というものがあります。強い言葉を一方的に浴びせられた側には、大きなショックを受けてしまう人もいるでしょう。職場の暴言や恫喝《どうかつ》が許容される余地はあるのでしょうか。

結論からいえば、常識的に明らかな暴言や恫喝は社会的に許される行為ではなく、職場であるからといって、許容される道理はありません。

したがって、上司や先輩側がどれほど自分の言っていることは正しいと思っていたとしても、**相手の人格を否定するような暴言を吐く行為や、相手の恐怖心をあおるような行為は許されるものではなく、違法なパワハラとなります。**

具体例を見ていきましょう。

1 「バカ」「死ね」と言う

30代男性。上司から「バカ」「死ね」「こんなこともできねーのか」「できないなら辞めちまえ」などと言われる。出社するのがつらい。

相手の人格を否定したり、その雇用不安をあおったりする発言は、いかなる場合も許容されることはありません。

「死ね」という発言は相手の人生や生命を直接否定するものであり、その人格を著しく否定するものと言わざるをえません。

また、「辞めちまえ（退職しろ）」という発言も相手の雇用不安を直接あおる行為であり、許されないといえます。

このような直接的な暴言が違法なパワハラとなることは当然です。

「バカ」「死ね」のような直接的な暴言ではなくても、相手の人格否定や雇用不安に

つながるような発言は、繰り返せば暴言・恫喝の類いとしてパワハラであると評価される可能性があります。

また、言葉を用いなくても、机をどんどん叩いたり、そばにあるものを蹴飛ばしたりと、間接的な暴力行為も同様の評価を受ける可能性があります。

会社による叱責や注意指導は、基本的には再発防止の観点からされるものです。**再発防止のために相手の人格を否定したり、その雇用不安をことさらあおったりする必要などない**のです。

なお、社員の勤務態度に問題があって、解雇しなければならない、退職勧奨を求める必要があるという場合は、この手続きを進める過程で、労働者に雇用不安を与えることは不可避です。このような場合は、雇用不安を与えたとしても、会社の正当な目的によるものといえます。そのため、必要以上の不安・恐怖を与えたり、相手をだますようなものでなければ、ただちに違法なパワハラにはならないことには留意しましょう。

2 会社の損害を補填しろと言う

20代営業職の男性。営業中に社用車を壁にぶつけてしまった。上司に報告したところ、「どうしてくれるんだ」「次やったら自腹で修理費用を払え」と強く叱責された。

自分のミスのせいで会社に損害が生じた場合、自分でその損害を補填しなければならないと思っている方は少なくないようです。

しかし、法的な一般論としては、**労働者が故意、または故意に匹敵するような重大な過失によって、業務上のミスを起こして損失を生じさせたような場合でないかぎり、会社から労働者に対する損害賠償請求は認められない**のが実情といえます。

そうすると、労働者による軽微なケアレスミスがあったにすぎないような場合には、会社側に実害が生じていたとしても、これを労働者に賠償させることは通常は難しいといえます。

また、仮に労働者側に故意または重大な過失があったとしても、その損害すべてを労働者が負担しなければならない、ということでもありません。

これは、**「報償責任の原理」**といって、**会社は労働者を使用することで事業利益を上げている以上、労働者が生じさせた損失についても、事業リスクとして負担するべき**という考え方によるものです。

そのため、損害の発生や損害の拡大について、会社側にもそれなりの落ち度（監督責任やリスク回避責任を怠っているなど）がある場合には、労働者に対して損害賠償請求できるとしても、補填を求められるのは発生した損害の一部に留まるのが実情といえます。

したがって、**労働者が何かミスをして会社に損害を与えたとしても、この全額を補填するよう労働者に要求する行為は、多くの場合は法的義務のない行為を強要するものとして、社会的に許容されない**と考えます。

今回のケースは、社用車を社員の過失で損傷させてしまった事案であり、会社には実害が生じています。

社員側の過失の内容にもよりますが、上司による厳しい叱責は、ある程度はやむをえないものといえます。そのため、厳しい叱責がただちにパワハラであることにはなりません。

もちろん、叱責の内容が相手の人間性を否定するものであったり、しつこく損失補塡の約束を迫るものであったり、事あるごとに金銭要求をして脅したりするようなことがあれば、客観的に許容されず、パワハラと評価される可能性が高くなります。

本件はそこまでのレベルには至っていないように思われますが、しつこく金銭を要求する行為は、違法と評価される可能性が高いと認識しておきましょう。

Point

- 相手の人格を否定したり、雇用不安をあおったりする発言は、どんな場合でも許されない
- 「バカ」「死ね」「辞めちまえ」は一発アウト
- 労働者のミスで損害が発生した場合、厳しい叱責はやむをえない部分もあるが、執拗に金銭要求する行為は、パワハラに該当する可能性が高い

冗談なら、相手をイジってもいいですよね？

職場において、たわいもない会話をすること自体が許されない、ということは当然ありません。職場は仕事をするところですが、多数の人間が同時に過ごす場であり、他人との協調関係を維持することは不可欠です。

そのため、相手を小馬鹿にしたり、容姿をイジったりするような行為も、相手との信頼関係や友好関係を前提に節度を持って行われるぶんには、問題にならないこともあるでしょう。

もっとも、信頼関係や友好関係もない中で、相手をイジることは相手に不快な思いをさせることもあります。場合によっては、想定外のトラブルに発展することもあるでしょう。冗談を言ったり、軽口を叩いたりするときは、自分の言動が独りよがりのものとなっていないか注意が必要です。

また、相手の容姿や体型について言及する行為は、「職場での許されない性的言動」としてセクハラに該当する可能性も否定できません。

リスク回避の観点からは、少なくとも職場やその延長となる職場の飲み会などでは、相手の容姿や体型について言及することは避けるほうが無難といえそうです。

1 デブ、ブサイクなどとからかう

30代男性。少し体型がふくよかで温和な性格のため、イジられやすく、上司や同僚から「また太ったんじゃないの?」「デブだな」「食いすぎだよ」と言われている。病院の検査で引っかかったこともあり、ダイエットに取り組んでいるが、周りから「デブ」などと言われると、すごく嫌な気分になる。友だちから言われるならまだしも、大して親しくもない上司に言われると、「お前に言われたくない」という気分になる。

「デブ」や「ブサイク」など、相手の容姿を明らかに貶める言動は、相手を誹謗中傷する行為と同じです。業務との関連性、業務上の必要性、態様の相当性のいずれも認められる余地はありません。

そのため、どのような理由があっても業務上適正な行為と評価される可能性はほぼなく、違法なパワハラ行為となります。

なお、「太ったんじゃないの」「食べすぎだ」など、直接的な悪口とはいえない場合も、相手からすれば非常に不快ということもあるでしょう。

このような言動がただちにパワハラとなる可能性は低いかもしれませんが、積み重ねにより関係が悪化し、想定外のトラブルに発展する可能性もまったくないとはいえません。また、場合によっては不必要な体型等への指摘・からかいとしてセクハラに該当する可能性もあります。

したがって、前述の容姿に対する言動と同様、必要のない体型や身体的特徴に関する言及やからかい等は慎むのが無難でしょう。

2 声が小さい、表情が暗いなどと指摘する

20代女性。百貨店で接客業をしているが、先輩社員から「あなたって声が小さいよね」「表情が暗いから、もっと笑顔にしたほうがいいよ」などとたびたび言われて、内心嫌に思っている。お客様と会話をするときに聞き返されたりすることも

——ないし、苦情が来たこともないし、自分の表情のことなど指摘されたくない。

外見についてのからかいと同様に、自分の声や表情について、他人から何か言われるのは嫌ですよね。

声や表情は人の容姿を構成するものなので、指摘されて不快な気持ちになるのは理解できます。しかし、**声や表情は人とのコミュニケーションの円滑さに影響しうるものであり、仕事をする上で重要な要素になることもあります。**

そのため、声や表情についての指摘を、外見についての誹謗中傷と同列で考えることはできません。

たとえば、接客業など、仕事によってははっきりとした口調を求められたり、笑顔などの友好的な表情を求められたりする場合もあるでしょう。

このような理由で指摘をすることは、業務との関連性、業務上の必要性は、必ずしも否定されないと思われます。

したがって、常識的な範囲で声のトーンや表情のつくり方について、業務上の理由から注意することは、業務上適正な範囲の指導としてパワハラと評価される可能性は低いと考えます。

もっとも、このような指摘を執拗に繰り返したり、相手を圧迫するように指摘したりする行為は、常識的な範囲と認められず、業務上適正な範囲を超える違法行為と評価される可能性もあります。指導する立場にある方は注意しましょう。

Point

- 「デブ」「ブサイク」は誹謗中傷と同じ
- 体型に関するからかいは慎むのが無難
- 表情や声の大きさに関する指摘は、業務上必要な場合もある

14

相手の学歴・人格を否定する言動は一発アウト！

心ない侮辱的な発言のうち、露骨なものは法的に許容されない場合がほとんどです。露骨な侮辱的発言は、相手の人格や人生観を否定するものだからです。

職場で相手の人格等を否定する行為は、業務との関連性、業務上の必要性、態様の相当性がいずれも皆無であることは明らかです。

仮に上司が部下に対してそのような発言をすれば、業務の適正な範囲を超えた違法なパワハラであることは、かなり明確に指摘できると思われます。

ただ、このような露骨な侮辱行為以外のグレーな行為は、どこまでが業務上の行為として許容され、どこからが相手の人格否定となる行為として許容されないのかという区別が難しいこともあります。この点について事例とともに見ていきましょう。

1 学歴や知識レベルを批判する

20代女性。仕事でミスが続いたときに、上司から「あれ、君って○○大学だよね」「高学歴なのにこんなミスをするんだ」などと言われて不快な気持ちになった。

同僚の男性も仕事でミスしたところ、同じ上司から「〇〇大学を中退してるからしかたない」などと嫌味を言われた。ふだんから上司が「あの人は東大を出ていてすごい」とほめたり、「〇〇は▲大学だっけ」「あいつは高卒なのに〇〇」などと、学歴を話題にしたりして非常に不快だ。

叱責の内容がパワハラになるかどうかは、基本的には**再発防止の観点から必要な限度に留まるか、その言動が社会的に許容される限度を超えていないか**という観点で判断していくことになります。

たとえば、叱責する際に、本人に業務遂行のために必要な知識が備わっていないことや、組織で働く上で最低限押さえるべき社会常識（たとえば周囲への敬意や配慮など）が十分でないことを指摘し、非難することがただちに問題となることは少ないでしょう。

他方で、**相手の学歴や教育レベルを貶める発言をしたり、社会人としての知識レベルを馬鹿にしたりすることは、基本的に許されない**と考えます。

なぜなら、個人の教育に関する事柄はその人格形成に直結する事柄であり、本人の知識レベルもその人格形成の一部を構成する事柄といえるからです。

このような人格に直結する問題を否定する発言は、相手の人格を否定する発言に等しいと評価される可能性が高いです。そして現代社会では、人格を否定する行為はいかなる理由があっても許容されることはありません。

したがって、今回のケースのように、相手に対する叱責が学歴や知識レベルを貶める範囲に及ぶ場合、仮に叱責の必要性があったとしても、常識的に許容されないものとして、パワハラと評価される可能性が高いです。

2 成績表を貼り出して批評する

携帯販売会社に勤める20代男性A。個人別の販売台数が貼り出される。毎週の振り返りでは、「今月は社員Bの販売成績がよかった」「社員Aはどうした。サボってるんじゃないのか」など、営業社員全員の前で言われた。

会社の朝礼や営業会議で、営業成績を貼り出して社員を叱咤する。

このような営業成績を社内に公表する行為自体は、営業の近況を社内で共有する意味、成績優秀者の労をねぎらう意味、社員の競争意識を刺激して勤務の励みとさせる意味など、相応に意味があるように思われます。

そのため、業務との関連性や必要性は、ただちに否定されないと思われます。また、単に営業成績という事実の公表に留まるのであれば、やっている行為も常識的に許容されるものといえます。

一方で、合理的な目的の範疇を超えているような場合や、行為として常識を欠いた次のような場合には、パワハラであると評価する余地は当然あります。

- 成績優秀者とそうでない者をことさら比較し、成績優秀者以外は無価値であるかのような発言をする
- 成績の悪い社員を全社員の前で執拗に叱責する
- 成績優秀者を称賛し、そうでない者を侮蔑するような雰囲気を社内であおる

これらの行為は、合理的目的に照らし合わせても、行きすぎです。好成績ではなかった社員のプライドを過剰に傷つける行為として、常識的にも許容できません。

また、このような行為が繰り返されれば、違法なパワハラだと評価される可能性は高いと考えます。

今回のケースのうち、営業成績を職場で公表する行為は、社員間の競争意識を高めるという点で合理性がないとはいえません。

また、特定の社員に対してその業績を表彰したり、逆に叱咤激励したりするのも社員の業績に対する意識やモチベーションを維持・向上させる効果がある程度認められ、ただちに合理性を否定すべきでないと考えます。

そのため、本件のケースがただちにパワハラに該当するとは思われません。

しかし、このような合理的目的の範囲を超えて相手をことさら辱めたり、著しい屈辱を与えたりと、特定社員を攻撃しているような行動である場合、それはパワハラに該当しうるところです。このあたりは実際の言動次第といえるでしょう。

3 家族や友人のことを悪く言う

20代女性。上司から、自分の配偶者の勤め先について、「あんなブラックな企業に勤めてるんだ～」「あそこ給料悪いよね」などと言われて、バカにされたように感じた。

職場の雑談で、家族の話など、私生活上の事柄に話が及ぶことはよくあります。私生活上の事柄は職務とは直接の関係はありませんが、職場内で円滑な人間関係を構築するために、話題にすることが有用な場合もあります。そのため、私生活上の事柄を話題にすること自体は、ただちに問題になるとは思われません。

しかし、常識的な範疇を超え、相手にことさらに不安感や不快感を与えるような言動だった場合には、違法なハラスメント行為となる可能性はあります。

とくに、**友人関係や親族関係は本人の人格形成に直結しうる事柄であり、これを悪**

しざまに否定・批判するということは、相手の人格そのものを否定する行為と評されてもしかたのない側面があります。

今回のケースのように、相手の親族関係に言及しつつ、これを悪しざまに否定・非難・侮辱するような行為は、パワハラと評価される余地が多分にあると考えます。

Point

学歴や知識レベルを馬鹿にすることは、パワハラになる可能性が高い

個人の営業成績を共有することは業務上適正といえるが、成績の悪い社員を全社員の前でこきおろすことはパワハラになる可能性がある

社員の家族や友人の悪口を言うことはパワハラになる可能性が高い

法律コラム 4

「侮辱」に当たる言葉とは？

他人に対する侮辱的な言動が許されないのは、当然のことです。

しかし、「侮辱」という言葉自体は、あくまで評価的な概念を示すもので、何が侮辱となり、何が侮辱とならないのかについて、法律上の明確なルールや基準はありません。

そのため、どのような言葉が「侮辱」に当たるかは、個々人の感覚に委ねられている、ともいえるでしょう。

ここでは、法律的に「侮辱」がどのようなものと捉えられているのか、どのような表現が「侮辱」となりえるのかについて簡単に解説します。

まず、侮辱行為については刑法に「侮辱罪」がありますが、ここでも「侮辱」の定義はありません。

ただ、同罪の解釈上、「侮辱」とは**具体的な事実内容を示すことなく、相手の外部的評価を貶めたり、その名誉感情を害する行為をしたりすること**、と考えられています。

そのため、法的には**相手の外部的評価や名誉感情を損ねるような発言が「侮辱」になる**といえそうです。

このように「侮辱」とは法的にはかなり広い概念として捉えられています。

とくに民事でのトラブルにおいては、相手の人格を否定したり、軽んじたりするような発言は概ね「侮辱」という評価を受けることになるでしょう。

では、具体的にどのような言動が「侮辱」に当たるかですが、このあたりは一般的な常識や良識に従って判断するしかありません。

たとえば、**「その人が持っている知識・経験・能力・適性・容姿・体型・思想・信条・宗教・価値観」**などの事柄について、否定するような発言は、相手の人格を否定する・軽んじる行為として侮辱と評価されやすいです。

また、**相手の経歴・学歴・家庭環境・交友関係**なども人格形成にかかわる事柄といえ、これを否定したり、軽んじたりする行為も同様に侮辱と評価される可能性は高いと考えます。

そして、乱暴な言葉でなされた場合はもとより、たとえ丁寧な言葉であったとしても、相手の人格を否定したり、軽んじたりするような内容であれば「侮辱」と評価されうることには留意しましょう。

「侮辱」とは、言葉遣いで決まるものではなく、その内容によって決まるものであることには留意したいですね。

15 どこからが「セクハラ」になるの？

最近では、セクハラへの社会的非難がよりいっそう厳しくなってきました。

昔は、セクハラは男性が女性に対してするものと考えられていましたが、最近では男性が被害者となるケースもよく聞きます。

たとえば、女性上司が部下の男性に対して飲みにしつこく誘ったり、体に不必要に触れたり、という事例が話題にのぼることもしばしばです。

男女共に、本当は不快な思いをしているけれども、場の空気を読んで我慢してしまうという人もいるでしょう。

しかし、**セクハラをされた人は、毅然と拒否の姿勢を示してかまわないし、また、そうするべき**でしょう。

まず、セクシャルハラスメントは、男女雇用機会均等法第11条1項において、**「職場において行われる性的な言動に対するその雇用する労働者の対応により当該労働者がその労働条件につき不利益を受け、又は当該性的な言動により当該労働者の就業環境が害されること」**と定義されています。つまり、

1 職場で性的な言動が行われて、労働者の職場環境を害すること
2 職場での性的な言動に抵抗したことで、雇用上の不利益を受けること

これらがセクハラに該当します。

世間一般のイメージでは**1**のほうが近いと思いますが、法律では**1**だけでなく**2**のような報復行為もセクハラと整理されています。

どのような場合をセクハラと考えるべきかについて、少し見ていきましょう。

まず、パワハラでは「業務との関連性」や「業務上の必要性」などを考慮する必要があったのに対し、セクハラではそのような考慮は基本的に必要ありません。

なぜなら、**セクハラの性的な言動は、業務と関連しないことが明らかで、業務上の必要性もないことがほとんど**だからです。

したがって、セクハラの場合には、**「1 性的な言動の有無・程度」「2 職場環境への影響の有無・程度」**を考慮することで、概ね判断することが可能です。

以下、具体的な事例を見ていきましょう。

1 飲み会で下ネタをふる

広告代理店に勤務する20代女性。会社の飲み会に行くと、同僚や先輩社員から「胸が大きいね」「経験人数は？」など性的な話をふられるので、ものすごく不快だ。

「下ネタ」は、男性・女性の性的な事柄に言及するものであるため、基本的には性的な言動に該当すると思われます。

そのため、「下ネタ」がより直接的な性表現をふくむような場合や、執拗に繰り返される場合は、性的な言動の程度が重いものと考えられます。

当然、職場の人を不愉快にさせるものとして、セクハラと評価されやすいでしょう。

他方で、「下ネタ」による性表現がわいせつ性を帯びない軽微なものであるような場合や、親しい間柄での軽い冗談の場合もあります。

これらのケースでは、形式的には性的な言動に該当するものの、程度が軽く職場環境に影響が乏しいとして、セクハラに該当しないという評価もありえます。

「下ネタ」がセクハラに該当するかどうかは、会話の状況、関係性、内容、頻度、被害者の反応等を総合的に考慮する必要があり、一概に判断するのは難しいところです。

今回のケースの場合、現場は飲み会の場であり、職場そのものではありませんが、会社の社員らが参加者であり、職場の延長と見る余地もあります。

そして、体型や性的経験は性的な関心事となりえるため、性的言動と評価すべき事柄でしょう。そのため、たとえ飲み会の場であったとしても、このような言動が繰り返されれば、参加者に相応の精神的苦痛を与えるものとしてセクハラに該当する可能性は十分あると考えます。

2 しつこく「飲みにいこう」と誘う

――30代女性。会社で18時過ぎまで残業していると、40代の男性上司から「今日これから予定ある？」などと夜ご飯の誘いを受けることがしばしば。「まだ仕事が終わらない」「予定がある」などと断っていたが、あまり断っていると自分の立場が悪くなるのでは、と不安がある。上司と2人きりでご飯を食べにいくのは嫌だ。

職場では、飲み会に誘うことも誘われることもありますよね。

飲み会に誘うこと自体は、職場内の人間関係を構築する手段としてただちに問題となるものではありません。

そのため、食事や飲みの誘いが人間関係を構築する範囲を超えないような場合は、セクハラに該当することは基本的にないでしょう。

他方、異性を2人きりのディナーや飲みに誘う行為は、世間一般ではデートの誘いとみなされることもあります。そのような観点で見れば、食事や飲みの誘い方によっては、職場内での性的な言動の1つと評価することができます。

やんわりと断っているのに、異性である上司や先輩からしつこく2人きりの食事や飲みに誘われれば、相手が自分を異性として見ているのでは、と不快・不安な気持ちになるのは当然です。

繰り返し誘われれば、職場環境が害されることにもつながります。

そのため、異性の相手をしつこく食事や飲みに誘う行為は、これが行きすぎればセクハラと評価される可能性が高いといえます。

もちろん、当人同士の関係性によっては、2人きりで食事をすることにはなんら問題がないと思われます。もし信頼関係が確立されておらず、セクハラだと誤解されたくないのであれば、次のような配慮があると双方安心できるでしょう。

- ディナーや飲み会ではなく、休憩時間中のランチやお茶として実施する
- 相手に対して、食事や飲み会に業務上の目的があるなら明確に説明する
- マンツーマンではなく、有志を募って複数名で実施する

また、いくら職場での親睦を深めるためといっても、相手に参加を強制することは

基本的にできません。断られた場合、執拗に食い下がるべきでないことは当然です。拒否する相手をしつこく職場外の食事等に誘う行為は、セクハラと評価される可能性があることに留意しましょう。

同様に、相手が拒否しているのにしつこく職場外での交流を求める行為も、上司部下の関係にかかわらず、異性間で執拗に行われれば、セクハラとなりえます。

また、誘いを断ったところ、職場で極端に冷たい対応をされるようになった、理不尽な扱いを受けるようになったというケースもよくあります。この場合もセクハラに該当するので、注意しましょう。

3 相手の肩や背中を触る

マスコミに勤務する20代男性。職場の40代の女性上司がすれちがうたびに肩や背中を触ったりする。飲み会の帰りにタクシーに二人で同乗したときに、手を握ったり、太ももを触られたりしたので、セクハラではないかと感じている。

相手の体に触れる行為については、その部位が性的な部位（唇や胸や尻など）であればそれ自体が性的な行為と評価され、そのような部位への接触という点でその程度も非常に重いと評価されます。

そのため、このような行為はただちにセクハラと評価されることになります。

では、性的な部位でなければよいのかというと、もちろんそんなことはありません。とくに異性間で相手に触れる行為は、それがどのような部位であっても、相手や周囲からすれば性的な接触のように感じられる傾向にあります。

そのため、髪や肩、背中など同性間ではただちに問題となりにくい部位に触れた場合でも、これが性的な言動と評価される可能性を完全には否定できません。

そして、このような接触行為が繰り返されれば、これを不快に思う相手・周囲の職場環境が害されることも一般的にありえます。

したがって、今回のケースのように、相手の体に直接触れる行為は、直接的な性的言動としてセクハラに該当する可能性が高く、これは行為者が男性であっても女性であっても同じです。

とくに、本件のように手を握る・太ももを触るなどは相手への強い性的関心を直接示す行為といえるため、たとえ1回でもセクハラに該当しうると考えます。

それなりの信頼関係がある中で、会話の弾みや冗談で肩などを1回叩いた程度ではセクハラになるとは思われません。しかし、そのような行為が執拗に繰り返されれば、相手も嫌気がさして結局セクハラとしてトラブルになる可能性がある、と留意しておきましょう。

4 メリットをちらつかせて、性的な応対をさせようとする

芸能事務所に所属する20代女性。ドラマのオーディションに落ちる日が続いていたが、事務所の社長に有名な演出家に会ってこいと言われた。その後、その演出

家と2人で会ったときに、演出家から「ドラマに出たい？　それならチャンスをあげる。君次第だけど」などと言って、体で代償を払うことを求められた。

職場において、相手に性行為やこれに類する性的な対応を求める行為は、直接的かつ露骨な性的言動として、悪質なセクハラに該当します。

とくに、今回の事例のように職務上の利益や機会をちらつかせ、相手の自由な意思決定を阻害するような形での行為は極めて卑劣であり、悪質性が高いと言わざるをえないでしょう。

このような行為は、民事上の不法行為として損害賠償責任を負うことは当然ですが、場合によっては**「不同意性交罪」**や**「不同意わいせつ罪」**などの刑事責任を問われる可能性すらあります。

職場において露骨で直接的な性的要求をすることは絶対に許されない、ということを改めて理解する必要があります。

なお、今回の事例のような性的要求がされた場合、被害者側のとるべき行動として、会社のコンプライアンス窓口に相談することがまず考えられますが、このような要求が軽々とされる職場に妥当な窓口が設置されているとはかぎりません。

もし職場にコンプライアンス窓口がない場合には、各地域労働局の雇用環境・均等部(室)に相談する、一般労働組合に相談する、弁護士に相談するなど外部窓口に相談することを積極的に検討するべきでしょう。

また、本人の拒否の意思を無視して、相手が性行為等に及んだという場合には、犯罪行為があった旨を所轄の警察署に被害相談するべきでしょう。

Point

- 下ネタの程度が軽い場合、セクハラに該当しないこともある
- 職場ではなく、飲み会の場であっても、性的な言動を繰り返した場合、セクハラになる余地はある
- 相手に断られているのにしつこく誘った場合、セクハラになる可能性がある
- 異性の体にたびたび触れる行為は、性的な部位でない場合でもセクハラになる可能性が高い
- 職務上の利益をちらつかせて性的要求をする行為は、悪質なセクハラに該当する

16

雑談で彼氏がいるかどうか聞いていい？

最近は、職場は職場、私生活は私生活と割り切って生活している方が多いでしょう。とくに若手社員はそのような傾向が強そうです。

本当はプライベートに踏みこんでほしくないけれど、相手に悪意がないので我慢している、という場合もよくあります。そもそも、仕事場でプライベートの話をする必要はあるのでしょうか。

たしかに、職場は仕事をするところです。

私生活の事柄は仕事とは基本的に関係がないので、一般的には職場でプライベートな事柄に言及する行為は、業務との関連性がありません。

しかし、職場内でプライベートな事柄について言及してはいけないかというと、もちろんそんなことはありません。

職場内での人間関係を円滑にするために、プライベートなことについて話題にすることも、ある程度は許容されるはずです。

したがって、コミュニケーションの一環として、プライベートな話題を取り上げることは、それが常識的な範囲内に留まるかぎり、業務の適正な範囲であり、パワハラにはなりません。

一方で、これらの行為が正当な目的以外で行われるような場合や、プライベートへの介入が常識的な範囲を超えているような場合は、パワハラと評価される可能性は十分あります。この区別について、簡単な事例をふまえて検討してみましょう。

1 恋愛経験や結婚歴をからかう

20代男性。職場の上司や先輩から「最後に彼女がいたのはいつ？」「そもそも彼女がいたことあるの？」などといつもからかわれる。「お前は結婚できないんじゃないの？」と言われてものすごく不快な気分だ。

職場で彼女や彼氏がいるのか、誰それが結婚しているのかどうか、ということが話題にのぼることはありますよね。

恋愛の話題に触れられたくない人ももちろんいるかと思いますが、相手の恋愛経験がどのようなものかは、相手の人柄を知る上で有用であることもあります。

そのため、相手とよりよい人間関係を構築し、相手の価値観や人生観を知るため、という意味で、恋愛経験について話題にのぼること自体はありえます。

職場での何気ない会話の中で、恋愛経験についての話題が出た、という程度であれば、ことさら非難されることもないでしょう。

しかし、**恋愛経験に関する話題は、それ自体が非常にプライベートな事柄であり、相手の自尊心や羞恥心に直結するものです。加えて、相手の恋愛関係を知ろうとすることは、相手に性的関心があると見られる側面もあります。**

そのため、相手の恋愛経験や結婚歴について必要以上に聞き出そうとする行為や、あれこれ批評したり侮辱したりする行為は、相手に強い不快感を与えがちです。人間関係を構築するという意味では、むしろマイナスに作用する行為といえます。

したがって、相手の恋愛経験や結婚歴について相手が嫌がっているのに、ことさらに聞き出そうとしたり、話した内容をバカにしたりする行為は、業務との関連性、業務上の必要性、態様の相当性のいずれも認められないとして、パワハラと評価される可能性は大いにあります。

場合によっては、職場での許容されない性的言動として、セクハラと評価される可能性もあります。

2 休日の過ごし方をしつこく聞く

30代女性。上司に「休日は何をしてるの?」「ゴールデンウィークはどこか行く予定ある?」と、休みの予定をしょっちゅう聞かれる。「若いんだから、もっと出歩いたほうがいいよ」などと言われて面倒くさい。私が誰と何をしていても自由だと思う。

休日の過ごし方を聞くことは、恋愛経験について話題にした場合と同様に考えます。

通常の会話の中で、常識的な範囲で言及するぶんにはまったく問題ありません。

しかし、相手が嫌がっているのに過剰に聞き出そうとしたり、休日の過ごし方について一方的に批評したりする行為は、パワハラになる余地があります。

ただ、休日の過ごし方をたずねるケースとして、休日勤務や配置転換など業務上必要な処理をするため、相手に確認していることも考えられます。

その場合は業務との関連性や業務上の必要性は、おそらく否定されません。

そのため、よほどおかしな聞き方をしないかぎり、業務上必要な範囲で休日の予定についてたずねることは、パワハラになる可能性は乏しいと思われます。

3 個人のSNSに友だち申請したり、「いいね」を押したりする

30代女性。個人でXやインスタのアカウントを持っている。自分がSNSで投稿しているのが上司や先輩にバレて、友だち申請された。業務とは関係のない個人のSNSなので、見られること自体が嫌だ。

SNSの個人アカウントはそれ自体がプライベートなものである上、そこに掲載される情報も基本的にプライベートな事柄です。

職場の上司や先輩が会社に関係のない、部下の個人的なSNSアカウントにアクセスすることは、通常、業務との関連性も業務上の必要性もないと思われます。

しかしながら、一定の人間関係がある相手に対して、SNSアカウント上で友だち申請したり、投稿内容に「いいね」をしたりすること自体は、常識に照らし合わせても、それほどおかしな行為とは思われません。

また、上司が友だち申請や「いいね」を押すこと自体は、職場での関係性をプライベートでも強制することに直結するものでもありません。

そのため、上司や先輩から個人のSNSアカウントに友だち申請が来たとか、SNSの投稿に「いいね」をされたというだけで、ただちにパワハラにはならないと考えます。

しかし、しつこく友だち申請を承認するように求めたり、「いいね」する頻度が過剰だったりする場合は話が別です。

- 友だち申請を放置していたところ、上司から「なぜ承認しないのか」と問い詰められ、承認するよう強く求められた
- 友だち申請を拒否したところ、「なぜ拒否するのか」と叱責された
- 常に自分を監視しているかのような投稿が繰り返された

このような場合は、人間関係を構築するという正当な目的の範疇を超えるものとして、パワハラと評価される余地は十分にあると考えます。

Point

恋愛経験や結婚歴について、本人が嫌がっているのに無理やり聞き出そうとする行為は、パワハラになる可能性がある

休日の過ごし方について、本人が嫌がっているのに過剰に聞き出そうとする行為はパワハラになる可能性がある

部下のプライベートなSNSアカウントに友だち申請をしたり、「いいね」をすること自体は問題にならない。一方で「友だち」として承認しないことを問い詰めたり、常に監視していることを思わせるような執拗な「いいね」をしたりする行為は、パワハラになる余地がある

17

「飲みにケーション」は過去の産物!?

平成までは、「飲み会の場は無礼講」などといって、ずいぶん無茶な飲み会が行われていたように思います。

飲み会で誰かが酔っ払いすぎて粗相したり、セクハラ的な言動があったりしても、後日グチグチ言うのは野暮というような風潮もありました。

飲み会で不快なことが起きても、我慢するのが当然だと思っていた、という人は多いのではないでしょうか。

たしかに飲み会は職場そのものではありませんが、だからといって何から何まで許されるのでしょうか。当然そんなわけはなく、飲み会でもやってよいこととダメなことは当然あります。

まず、飲み会という場を法律的にどう捉えるべきかですが、飲み会は通常は懇親を深める場であって、仕事をする場ではありません。そのため、任意参加の飲み会の場は、「職場」ではないのです。

しかしながら、任意参加の飲み会でも会社内の人間が複数参加するものは、職場での人間関係がそのまま飲み会に持ちこまれる余地が多分にあります。

飲み会での出来事が職場にも何かしら影響を及ぼすこともあるでしょう。そのため、任意参加の飲み会でも**「職場の延長」**と捉える余地はあります。

そして、職場の延長となりえる場でハラスメント行為が行われれば、職場のパワハラやセクハラと同列に考えることは可能です。このような観点から、各事例について検討していきましょう。

1 無理やり酒を飲ませる

20代男性。職場の飲み会でお酒を飲めないと言っているのに、上司や先輩から「この程度で情けない。もっと飲んで強くならないと！」「飲んだほうが酒に強くなる」と言われた。どうやって断ればいいのかわからない。

飲酒をすすめる行為自体は、常識的な範囲内であれば何も問題ありません。

しかし、**そもそも酒が飲めない相手に「そんなはずはない」とか「俺の酒が飲めないのか」などと言って飲酒を強要する行為や、すでに酩酊状態の相手に無理に酒を飲ま**

せ続ける行為は、常識的な範囲を超えていると評価される余地が多分にあります。

職場の上司・部下が飲み会に参加する場合、職場内の序列がそのまま飲み会の場に持ちこまれることは、想像に難くありません。

この場合、部下からすれば、たとえ飲み会でも上司をないがしろにしたり、無視したりするのはご法度と考えるかもしれません。

そうすると、たとえ任意参加の飲み会であっても、上司が部下に対して理不尽な要求をする行為は、職場でのパワハラと同列に扱う余地は多分にありそうです。

今回のケースのように、上司が部下に対して常識の限度を超えて飲酒を強要する行為は、業務との関連性も業務上の必要性もいっさい認められません。

やっている行為も非常識であり、業務上適正な範囲を超えたパワハラと評価される余地は十分にあるといえます。

2 飲み会で一発芸を要求する

20代男性。勤務先の会社では、飲み会で若手が一発芸をやることが恒例になっている。業務時間外に、お笑い芸人のマネの練習をしていて嫌になる。

飲み会での一発芸についても、基本的には飲酒の強要と同じことがいえます。場を盛り上げるために、何かしら余興をすることはあるでしょう。飲み会で「何かやってよ」と余興をリクエストすること自体は、ただちに問題になることもないと思われます。

しかし、あくまで常識の範囲内で認められるにすぎません。

常識の範囲を超えて、「一発芸をやらないのであれば帰れ」などと相手を恫喝したり、一発芸を何度やっても許されず、ウケるまで執拗に芸を強要したりすれば、ハラスメントに該当する可能性が生じてきます。

そのため、常識的にアウトなリクエストが上司・部下の関係を背景にして行われた場合、パワハラと評価される可能性は高いと思われます。

3 飲み会への参加を執拗に求める

20代女性。飲み会が苦手なので、先輩から誘われても用事があると言って二度ほど断ったにもかかわらず、執拗に飲み会に誘われる。断ると「付き合いが悪い」と言われる。これはアルコールハラスメントになるか。そもそも定時外の飲み会に参加すべきなのか。

飲み会への参加を強要されることの問題は、**その飲み会が仕事の一環であるのか、仕事とは無関係の懇親会であるのか**を区別する必要があります。

たとえば、全社員の参加が必須とされる飲み会であったり、取引先への重要な営業活動の一環として実施されたりする飲み会は、「仕事」と評価する余地があります。

このような仕事と評価できる飲み会への参加は、業務上必要なものであれば雇用契約上の義務となります。

そのため、会社（上司）がその参加を指示することは適法であり、社員は体調不良など正当な理由がないかぎり、これを拒否できないのが原則論です。

一方で、業務性のない任意参加の飲み会は、これを仕事と評価する余地はないので、参加は個々人の自由のはずです。

任意参加の飲み会に参加する・しないは、業務と直接関係するものではなく、参加することの業務上の必要性も基本的に見出すことは困難でしょう。

そのため、任意の飲み会への参加を推奨する行為が、常識的に許容される範囲を超えて行われたような場合には、パワハラになる可能性が出てきます。

単に飲み会に参加することを何度か打診したことがある程度であれば、常識的な範囲内として、ハラスメントと評価される可能性はほぼありません。一方で、次のような場合は要注意です。

● 飲み会に参加しないと明言した人に対して、「なぜ行かないのか」「どういうつもり

か」などと執拗に食い下がって、飲み会への参加を求める
- 飲み会に参加しないことについて、「何を考えているのか」と厳しく叱責する
- 飲み会に参加しないことについて、他の参加者の前で吊し上げをする

このような行為を繰り返した場合、ハラスメントと評価される余地は十分にあるでしょう。

4 お気に入りの社員を隣に座らせる

20代女性。50代の管理職の男性は、飲み会中に必ず「俺の隣に座れ」などと言って、自分の隣に座らせようとしてくる。

「気心の知れたメンバーで飲み会を楽しみたい」という思いは不自然なことではなく、気に入っている社員を近くに座るようリクエストすること自体は、ただちに問題とはなりません。

また、関係をまだ構築していない相手でも、今後良好な関係を構築するために、近くに座ってもらって話をすることも、それほど責められるものではないと思います。懇親の場において、隣に座ることをリクエストする行為は、それのみでハラスメントになることはないと思われます。

しかし、職場の延長と捉える余地のある飲み会において、常識的な範疇を超えたリクエストがされれば、それはやはり問題となりえます。典型的な例として、**若い女性社員を常に男性上司の隣に座らせて、お酌をさせる行為**などがあります。

本件もこれに該当すると思われますが、こういった行為を執拗に繰り返せば業務との関連性がなく、業務上の必要性もなく、やっていることも非常識だとして、パワハラと評価される余地があります。

また、男性上司の性的趣向を満足させる意味もあると評価されれば、職場での性的な言動としてセクハラと評価される余地もあります（なお、このことは若い男性社員を女性上長の隣に座るよう強要するような男女が逆転したケースでも無論同じです）。

この他にも、

- 標的としている社員に説教をするために常に隣に座らせておく
- 自分の付き人のように扱う

などの行為も、やはり懇親会の場にはふさわしくない非常識な行為として、パワハラと評価される余地は多分にあると思われます。

Point

- 飲めない人に無理やり飲ませようとする行為はパワハラになる
- 任意の飲み会に無理やり参加させようとしてはいけない
- 飲み会の席次は基本的に問題にならないが、特定の人を上司の近くに常に座らせる行為は、しつこさによってはパワハラになる可能性もある

法律コラム 5

パワハラを巡る現状

パワハラが「不法行為」として、損害賠償責任が認められることが社会で認知されて久しいです。

今の時代、労働者が会社や上席者を相手にパワハラを理由とする訴訟を提起するケースは、まったくめずらしいことではありません。

たとえば、都道府県労働局などに設置された総合労働相談コーナーに寄せられた労働相談件数のうち、「いじめ・嫌がらせ」の相談比率はここ10年近くトップのようです。また、私見ではありますが、退職した社員が何かしらの理由で会社を訴える際、パワハラ的な主張を付加することが多い印象です。

さらに、紛争に至らないケースであれば、会社内でパワハラについての被害申告があり、企業内で必要な調査や再発防止措置を講じることはわりと日常的にあるように思われます。

とくに、改正労働施策総合推進法の施行に伴い、企業にはパワハラに適切に対応するための体制整備(社内規程の整備や相談窓口の設置等)が義務づけられたので、企業内の労働者はパワハラの被害をより申告しやすくなったといえます。

このようにパワハラについて対処するための手段が整備されていった結果、従来よりもパワハラについて問題提起がされやすい環境にあります。

パワハラの炎上事案

昨今では、社内で起きたパワハラ問題がインターネットで拡散されることもよくあります。

本来、情報を拡散する行為は、名誉毀損やプライバシーといった法的問題を伴うこともあるため、慎重に行われるべきです。しかし、ネットの世界では社内の不祥事の拡散行為を積極的に推奨する声が大勢のように思われます。

最近では、ネットで話題となった事案を積極的にテレビやネットメディアが取り上げることもよくあります。

情報拡散が無秩序かつ連鎖的に行われた場合に、本来は当事者間で解決されるべき私人間の問題が、いわゆる「炎上」事案として社会全体から注目され、不特定多数の人物により批判・非難の的とされることもめずらしくありません。そしてパワハラを許容しない風潮が拡大傾向にあることは、すでに説明したとおりです。

また、このような社会的風潮の下、本来的には私人間（当事者間）の問題であるはずのパワハラ事案は、企業全体のコンプライアンス意識や人権感覚の問題として捉えられ、結果、炎上事案となりやすいです。

一度炎上してしまうと、企業に大ダメージとなることはもとより、被害者個人も無責任な憶測や批判で苦しむ可能性もあります。

このような「炎上」は企業側からも、被害者側からも回避するに越したことはないでしょう。

18

特定の人だけを可愛がるのは問題アリ？

「企業は社員を公正・公平に取り扱うべき！」

そう思っていても、職場で不公平・不公正な扱いを受ける場合もよくあります。愛想のよい同僚ばかりが出世して、自分は雑用ばかり押しつけられて全然スキルアップできない……。「差別だ」「不公平だ」と声をあげれば、周囲から自意識過剰だと思われるかもしれないから、と何も言わずに我慢している人も多いでしょう。

では、法律的に職場での不公平はどこまで許されるのでしょうか。

まず、職場で差別的な取扱いをすることは、法律的に許容されるのかを考えてみたいと思います。

日本の憲法は**「法の下の平等」**を明記しており、誰しも合理的な理由のない差別を受けることはないことが宣言されています。

このような憲法上の要請を受け、**労働基準法でも企業が国籍、信条、社会的身分、性差を理由に労働者を差別することを明確に禁止**しています。

また、その他労働関係法でも**育児・介護休業を取得した者への差別的取扱いの禁止や公益通報をした者への差別的取扱いの禁止、労働組合員に対する差別的取扱いの禁**

止、有期雇用労働者への不合理な待遇の禁止などが定められています。

他方、意外かもしれませんが、これら以外の理由により労働者を差別することは、法律では明確に禁止はされていません。

このような取扱いが適法となるか違法となるかは、その差別的取扱いの理由に合理性があるか、差別の程度が社会的に許容される限度を超えるかという観点から検討する必要があります。具体的に見ていきましょう。

1 相手によって態度を大きく変える

40代女性A。会社の上司Bは、気に入っている部下の20代男性社員Cが営業で大きな受注を獲得すると、「部をあげて盛大にお祝いしよう、飲みに行こう！　Cは天才だね」などとやたらほめる。一方で、中堅のAが同様のレベルの営業成績を上げたとしても、特段に話題として取り上げず、ほとんどスルーしている。接し方の差が激しいので、Aは気に病んでいる。

上司も人間である以上、相性の合う部下とそうでない部下がいることは当然です。相性の合う部下にはフレンドリーに接し、そうでない部下にはビジネスライクに接するのは一般的にありえることです。

したがって、**上司の部下に対する接し方が相手によって異なるというだけで、パワハラになることはありません。**

不公平な接し方が違法となるかどうかは、業務との関連性、業務上の必要性、常識的に許容される言動かどうか（態様の相当性）の観点から、個別に判断していく必要があります。

たとえば、上司の部下への接し方のちがいが業務内容や役割のちがいによるものである場合や、相手の生活環境への配慮により行われている場合は、業務との関連性や業務上の必要性が十分にあります。

そのため、過剰な差別的取扱いをしていないかぎり、これがパワハラになることはないと思われます。

また、業務上の理由がない場合であっても、コミュニケーションのとり方がフレンドリーでないとか、飲み会や食事に誘われない程度の事柄であれば、一般的にありえる範囲内の行為といえます。

他方で、このような範囲を超えて、特定の人に酷な勤務を命じたり、大勢の前でこきおろしたりするなど、客観的に見ていじめのような扱いをすることは、社会的に許容されない行為としてパワハラに該当する余地はあります。

2 ハラスメントのクレームを入れた人を冷遇する

30代男性A。上司はAがミスをしたときにだけ会議で延々と吊し上げたり、部署の社員全員がccに入ったメールで「この部署にはこんな失敗をする人がいる」と明らかにAのことを指した非難を繰り返したりした。そのため、社内のパワハラ相談室に相談をしたところ、人事経由で上司に内容が伝えられたのか、Aが上司に話しかけても無視されるようになった。

労働者が公益通報を行ったことで雇用上不利益な取扱いをすることは、公益通報者保護法により禁止されています。

上司に対するハラスメントのクレームは、公益通報者保護法で保護対象となる公益通報行為となりえるものです。もし公益通報として要件を満たすようであれば、それを理由とする差別的な取扱いは基本的に違法です。

他方、そのようなクレームが公益通報として要件を満たさない場合であっても、ハラスメントのクレームがあったことについて報復的に差別行為を行うことは、社会的に許容される余地は乏しいといえます。

もっとも、上司による「冷遇」にもレベルがあり、労働者側に生じる不利益の程度はケース・バイ・ケースなところが多分にあります。

一般的に違法となるのは、**冷遇により労働者側の職場環境が害されていることが客観的に認められるかどうか**により判断されます。

たとえ「報復的」な冷遇がされたとしても、具体的な不利益がまったくなく、職場環境が害されるほどではないという場合には、パワハラにはなりません。

たとえば、上司から食事や飲みに誘われなくなった、仕事以外での会話がされなくなった、細かいミスの指摘が増えた程度であれば、それはただちに職場環境が悪化したということにはならないように思われます。

このような場合には、いくら「報復的」である可能性があったとしても、ただちにパワハラがあったことにはなりにくいでしょう。

もっともこれも程度の問題であり、たとえば**上司がこちらからの連絡を無視したり、メールに返信しなかったり、業務処理に必要な情報を提供しなかったりということが繰り返され、業務遂行に現実的な支障が生じているような場合には、パワハラと評価される可能性はあります。**

このような深刻なレベルまでコミュニケーションの拒絶がされる場合、被害者側の職場環境が現実的に悪化しているという評価は十分にありえるからです。

今回のケースの場合は、上司との間でコミュニケーションが断絶した状態にあるようですが、もし業務上最低限必要なコミュニケーションがとれているのであれば、ただちに職場環境が害されているとはいえない（パワハラとまではいえない）と考えます。

しかし、コミュニケーションの断絶によって業務に支障があったり、上長が周囲に働きかけることで被害者が職場で孤立するような工作をしたりしていれば、相手の職場環境を悪化させるパワハラだと評価される余地があります。

また、冷遇の内容が、膨大な量の残業を押しつけられるようになった、不必要な休日勤務を指示されるようになった、大声での叱責や人格否定のような注意が繰り返されるようになったというケースでは、客観的に見て職場環境が悪化していることは明らかです。

このようなケースでは、上司による冷遇は報復を目的としたパワハラであると評価される可能性が極めて高いといえます。

Point

- 国籍、信条、社会的身分、性差を理由に差別したり、育児・介護休業を取得した人、公益通報した人、労働組合員に対し差別的な取扱いをしたりすることは、法律で禁止されている
- 上司が特定のお気に入りの人を可愛がるのは、常識の範囲内であればパワハラにならない
- 上司が部下とコミュニケーションをとらないことで、業務に支障があったり、周囲に働きかけて孤立させていたりする場合は、パワハラになる可能性がある

19 無視したらパワハラになる？

職場でのコミュニケーションには、「仕事を進める上で必要なコミュニケーション」と、「仕事でとくに必要のないコミュニケーション」の2通りがあります。

まず、仕事で必要なコミュニケーションを意図的にとらない場合、相手が業務を円滑に進めることを害するという点で非常識です。たとえば、

- 仕事で必要なメールを何度送信しても返信されない
- 担当先からの申し送り事項をいっさい伝えない

このようなことを意図的に繰り返した場合、故意に相手の業務を妨害する行為として、パワハラと評価する余地が多分にあります。

もっとも意図的であるのか、単なる不注意なのかは客観的にはわかりにくいものです。そのあたりの評価は、慎重に行う必要があることには留意しましょう。

他方で、たわいもない雑談など、仕事上で必ずしも必要のないコミュニケーション

についいては慎重な検討が必要でしょう。

なぜなら、職場では、仕事以外のことについてコミュニケーションをとる必要性は必ずしも高くなく、雑談をしない=業務の支障となる、という図式にはならないからです。

そのため、単に雑談に混ぜてもらえないというだけで、違法なパワハラだと評価される可能性はかなり低いと思われます。

しかし、積極的に相手を無視しているような場合には、注意が必要です。

- あいさつしているのにいつも露骨に無視する
- 職場での飲み会や懇親会について、特定の人だけ呼ばないよう指示する

こうした積極的に職場から排除する行為が繰り返されれば、たとえ仕事とは直接関係がなくとも、相手の職場環境を害する行為として認められる可能性があります。

相手を積極的に孤立化させるような無視を繰り返した場合には、パワハラになる可能性は十分にあるといえるでしょう。

1 チャットツールの書きこみをスルーする

30代男性。職場ではリモートワークが進んでいるため、チームでの会話も基本的にチャットツールを使って行われている。積極的に発言するようにしているが、なぜか自分の発言だけ誰からも返事をしてもらえない。意見をスルーされるだけならまだしも、業務上必要な返事もしてもらえないため、業務に支障をきたしている。自分は上司から好かれていないと感じており、チーム内のメンバーは空気を読んで、自分に返事をしていない可能性がある。

オンライン会議でのやり取りも、仕事に関するやり取りなのか、仕事以外のやり取りであるのかで区別する必要があります。

まず、仕事に関するやりとりであれば、**「スルー行為」が仕事を進める上での支障となるのかどうか**を検討する必要があります。

部下が仕事に支障をきたしている場合は、改めて上司に仕事内容の確認や対応を求めることになるでしょう。確認や対応を求めても常に無視されるようであれば、意図的である可能性が高く、パワハラであると評価される可能性があります。

他方、仕事を進める上でただちに支障がない場合、スルー行為が2〜3回あった程度では、パワハラと評価される可能性は低いと思われます（これが後述のような「意図的な職場からの排除行為」と評価されないかぎり、パワハラには当たらないように思われます）。

他方、やり取りが仕事に関係しない場合には、スルーされても業務には支障がないともいえ、職場環境がただちに害されることになりません。

単に仕事以外のやり取りで自分のコメントをスルーされているだけでは、違法なパワハラという評価は受けにくいと思われます。

今回のケースのように、自分にだけ返事がないことが徹底されており、これが長期間にわたって何度も繰り返される、他の人にも自分のコメントに反応しないよう働きかけがされているなどの場合には、積極的に職場から排除したり孤立化させる行為として、パワハラと評価される可能性が高まります。

2

職場のイベントに呼ばない

30代男性。所属する部署で社外向けに大きなイベントを開催することになった。直属の上司とうまが合わず、日頃からチャットツールで無視されたり、業務に必要な情報を伝えられないことも多く、今回のイベントの開催も知らされていなかった。あとから同僚に聞いて、上司に「自分も参加したい」と言ったのに、「あなたは参加する必要がない」などと言われた。自分以外の部署のメンバーには全員知らされていたのに、自分だけ教えてもらえないのはパワハラなのではないか。

全社員に参加資格のあるイベントや、部署で定期的に開催している飲み会に、いつも特定の社員だけ声かけすらしない。このような行為は、客観的に見て特定の社員を孤立させようとしているのでは、という疑問が生じます。

そのため、とくに明確な理由もなく、こうした狙いうちのような行動が繰り返された場合には、社会的に許容される限度を超えるものとして、パワハラと評価される可能性が生じてきます。

また、**部下に業務上必要なスケジュールを教えない行為は問題**です。業務上のスケジュールは、仕事をスムーズに進めるためには不可欠な情報です。そのため、今回のケースのように、日頃から業務上必要な情報を部下に与えず、担当業務についてスケジュールの伝達をしない行為が意図的に繰り返されたりしている場合には、相手の業務を故意に妨害するパワハラと評価される可能性が十分にあります。

一方で、職場において、業務上の理由や、合理的な理由がある場合には、相応の範囲で社員の取扱いを変えることは許容されます。

たとえば、プロジェクト会議に業務的に参加の必要がないメンバーを呼ばない、会社の表彰イベントに一定の業務成績以上の社員のみを呼ぶという対応は、業務上の理由に基づく「合理的な区別」として、とくに問題となることはありません。

また、部署の飲み会やイベントであっても、まったくの有志で行われる任意参加のイベントなのであれば、参加者をどう選定するかはメンバーの自由です。特定の人は呼んで特定の人は呼ばない、ということも、ただちに問題視されることはないといえます。

3 特定の1人にだけ話しかけない

30代女性。会社の上司は部下に対して雑談もふくめて話しかけるタイプだが、自分にはほとんど話しかけてくれないため、職場でいづらさを感じている。

誰に声かけをする・しないについては、基本的には本人の自由です。

このような声かけが業務を進めるために必要不可欠ともいえないので、仕事とは直接は関係しないものと整理するべきでしょう。

そうすると、**声かけの有無がパワハラとなるのは、これが意図的な職場での排除行**

為と客観的に評価されるような場合にかぎられるといえそうです。

単に上司や先輩が自分に話しかけないことが何度かあったとして、それが意図的にされているかどうかはわかりません。

また、声をかけないこと＝職場から排除されている、とも通常はいえないので、基本的にはパワハラにはならないと思われます。

他方、そのような行為が長期間にわたり何度も何度も繰り返され、明らかに不自然である場合は意図的である可能性が高くなります。

また、上司の態度によって、他の社員からも同じようなそっけない対応をされるようになれば、職場からの排除行為と評価される余地もあると思われます。

このような場合には、上司・先輩の「話しかけない」という不作為が違法なパワハラと評価される可能性はゼロではありません。

Point

- 返信が必要なメールを何度送られても返事をしないのは、パワハラになる可能性がある
- あいさつの無視を繰り返したら、パワハラになる可能性が高い
- 業務に必要なスケジュールを教えないのはパワハラになる可能性が高い
- 声かけは基本的に個人の自由。ただし、上司の「部下に話しかけない」行為が長期間にわたり、周りの社員にも影響するような場合は、「職場からの排除行為」とみなされる可能性がある

20 職場で悪口を言うのは、法律的にセーフ？

同僚と話していると、つい愚痴りたくなって、誰かの悪口で盛り上がることもあるでしょう。職場で陰口を言うことは、そもそも法律的に許されるのでしょうか。

職場内で誰かの陰口や悪口を言うことは、直接的には名誉毀損、侮辱、プライバシー侵害といった問題が考えられます。しかしながら、名誉毀損や侮辱に該当するためには、**「不特定多数に向けて行われる」**必要があります。

そのため、特定の個人間でコソコソとうわさがされる程度に留まる場合であれば、ただちに名誉毀損や侮辱にはなりにくいように思われます。

他方、**プライバシー侵害については、不特定多数に向けた情報発信でなくても、侵害行為が成立する可能性があります。**

たとえば、特定の個人やグループ内であっても、「総務部の○○さん、営業部の部長と不倫しているんだよ」などと、私生活上の事柄を暴露したりすれば、プライバシーの侵害として違法行為にもなりえます。

また、たとえプライバシー侵害や名誉毀損、侮辱とは厳密には認められないとしても、侮辱的なひどい陰口を言われたり、自身のプライバシーにかかわる事柄がヒソヒソとささやかれたり、ということが長期にわたって繰り返されれば、当然、職場環境は悪くなります。

陰口やプライバシーの暴露が業務上必要でないのは明らかなことをふまえると、陰口や暴露を率先して拡散する行為は、職場での（パワー）ハラスメント行為として違法性を帯びることも十分考えられます。

1 「あいつは仕事ができない」と陰口を言いふらす

40代男性。自分のいないところで、上司が「あいつは変わっている」「仕事ができない」「どこに行ってもトラブルを起こす人だ」などと悪口を言っているらしく、周りから避けられるようになった。

上司が部下の仕事ぶりや個性を周囲に対して共有する行為は、まず、**情報共有が業**

務上必要かどうかを慎重に検討しなければなりません。

たとえば、部下のミスや間違いが業務上の危険や損失につながりかねない場合には、周囲への注意喚起の趣旨で情報共有することもあるでしょう。

この場合、よほど侮辱的な言動でないかぎり、パワハラという評価は受けにくいと考えます。

これに対し、情報共有の必要性が乏しい場合には、部下のミスや誤りをことさら周囲に吹聴する合理的理由は見出し難いといえます。

吹聴した内容や吹聴された範囲・状況等から社会的相当性を欠くような場合には、パワハラになるという評価がありえます。

たとえば、**本人がいないのをいいことに、上司が同一部署の複数名に対して部下のミスや間違いを吹聴するような行為は、当該部下を孤立化させて、その職場環境を害する危険があります**。そのため、このような吹聴行為が繰り返された場合には、パワハラになるという評価は十分にありえます。

本人のミスについての言及だけでなく、本人の人格を否定・軽視するような侮辱的な発言をする場合も同じことがいえるでしょう。
今回のケースの場合は、上司が不特定多数の社員に悪い評価を吹聴しており、周りから避けられるなどして、職場環境の悪化が認められるため、パワハラになる可能性があります。

なお、職場での情報共有とは異なり、上司が他の部下と飲みに行った際に業務上の愚痴として、部下の個性やミスに若干言及することもあるかもしれません。その程度であれば、ただちに相手の職場環境が害されるものではないので、パワハラという評価にはなりにくいと考えます。

一方、大勢が参加する職場の飲み会で、特定の社員の恥を言いふらしてこきおろす行為は、相手の職場環境を害するパワハラになる可能性があります。

2
うわさ話に付き合わせる

20代女性。30代の先輩社員がうわさ好きで、「社内の誰と誰が付き合っている」「課長は浮気しているらしいよ」など連日うわさ話をしている。本人のいないところでうわさ話をするのは気分が悪いが、先輩の話を止めることができない。

職場の休憩時間など、誰かがうわさ話をするのはよく見かける光景です。

他人の陰口や悪口やうわさ話を聞かされることに不快感を覚える人もいるでしょうが、通常は、違法な（パワー）ハラスメントの評価にはならないと考えます。

このような会話は業務上行われるものではないので、聞きたくない会話や話題であれば聞かない自由があるからです。**陰口を聞くことを強制されているわけではないため、ハラスメントという評価は考えにくい**ところです。

しかし、陰口に付き合わないことで、「あの子、感じ悪いよね」などと言われ、自身がそのターゲットとなって陰口やうわさ話を吹聴されるとか、何かしら嫌がらせ行為を受けるようになった場合は話が別です。
そのような場合にパワハラと評価される可能性も否定できません。

Point

個人の間でのうわさ話程度であれば、名誉毀損や侮辱には当たらないが、私的な事柄を暴露するような場合は、プライバシーの侵害や名誉毀損になる可能性もある

特定の人を孤立化させるような吹聴行為が繰り返された場合は、パワハラになる可能性がある

21 上司の不機嫌ってパワハラになる？

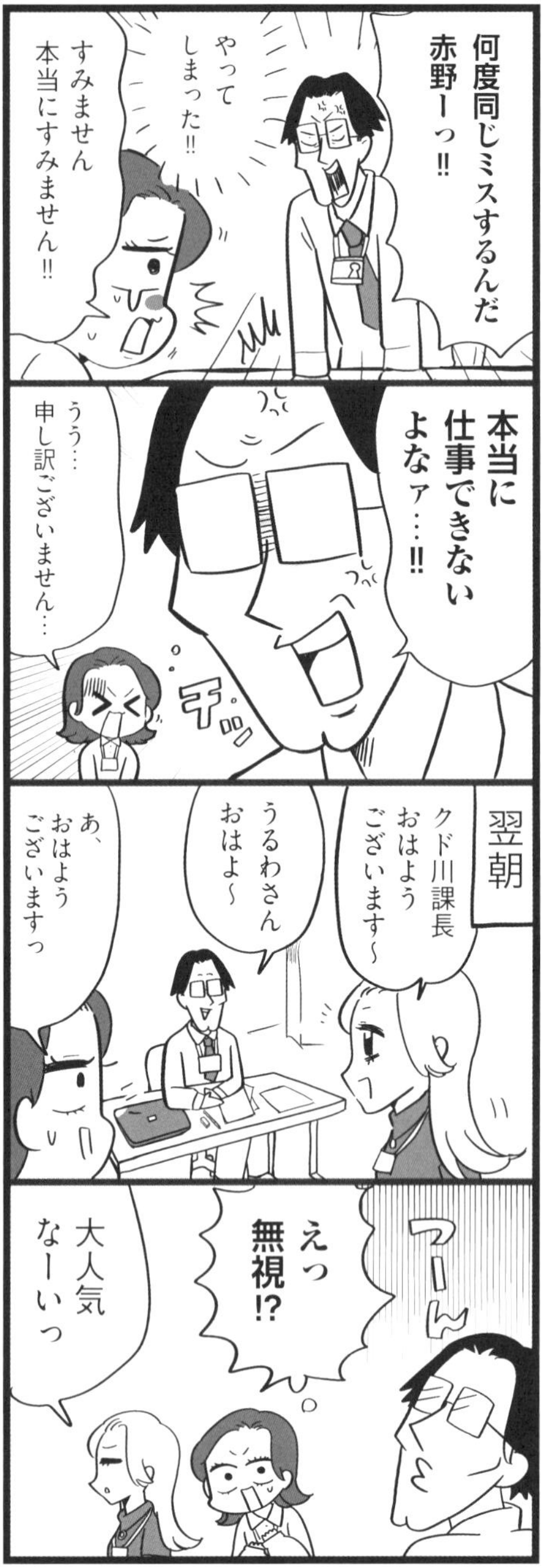

上司がイライラして、八つ当たりする。ため息をつく。話しかけても無視する。上司も人間なので、ある程度の感情の起伏はしかたがないですが、無視や八つ当たりによって仕事がしにくくなるのは、部下にとっては勘弁してほしい状況です。上司の感情的な言動は、法律的に問題がないのでしょうか。

まず、上司の表情や発言から不機嫌な雰囲気が感じられる、上司に話しかけづらい雰囲気がある程度では、パワハラだという評価はまずありえないといえます。

なぜなら、パワハラかどうかを判断する前提として、**「相手による加害行為はある程度具体的に特定される必要がある」**からです。

「上司の雰囲気」という概念は、非常に抽象的で、具体的な行為を特定できないため、ハラスメント評価の前提を欠くと言わざるをえません。

もっとも、そのような雰囲気を感じさせる原因となった上司の行動が、ある程度具体的に特定できるのであれば、それぞれの行動についてパワハラかどうかを判断することは可能です。次から具体的に見ていきましょう。

1 大声を出したり、舌打ちしたりする

30代男性。直属の上司は感情の起伏が激しく、上司が不機嫌なときに話しかけると、「自分でちゃんと考えたのか！」などと大きな声を出し、全部を却下したりやり直しさせたりする。ため息をついたり、舌打ちをしたりするので、怖くて話しかけられない。

上司の不機嫌が爆発して、業務を指示するたびに大声を出したり、仕事の質問をすると、露骨に舌打ちしたりする。このような上司の態度では部下が萎縮して当然です。職場では上司・部下の間でも最低限の敬意や配慮は必要であり、そのような敬意や配慮のない言動は相手を萎縮させ、ひいては業務が円滑に進むのを阻害することにつながります。

今回のケースのように、上司がヒステリックな言動を繰り返せば、部下の職場環境

が悪化することは間違いありません。

職場で感情的にふるまう業務上の必要性は、基本的に認められません。このことをふまえると、**上司がヒステリックな行動を繰り返すことは、パワハラに該当する可能性がある**といえます。

2 不機嫌なときに、あいさつやメールを無視する

20代女性。上司の機嫌を損ねたのか、上司にあいさつやメールをしても無視されることが多く、話しかけてもそっけない態度をとられるようになった。自分が上司の気に障ることをしたのではないかと不安がある。

職場で効率的に仕事を進める上で、円滑なコミュニケーションは必要不可欠です。とくに上司と部下の意思疎通がうまく図れるかどうかは、仕事の円滑さや効率性に直結しうるものであり、それなりに重要といえます。

そうすると、上司が自身の不機嫌を理由にあいさつを無視したり、メールを無視し

たりといった行為を繰り返せば、部下の職場環境を現実的に阻害する可能性が否定できないといえそうです。

そのため、あいさつを無視したり、メール連絡を無視したりする行為が露骨に繰り返されれば、やはりパワハラという評価を受けることはありえます。

Point

- 不機嫌になってヒステリックな言動を繰り返すことはパワハラになる可能性がある
- あいさつやメールの無視を露骨に繰り返した場合、パワハラになる可能性がある

第3章

残業、土日出勤、有休……部下の働き方に配慮してる？

22 残業、土日出勤……やらせすぎるとアウトになるラインは？

会社員の場合、毎日定時で帰れるケースはめずらしいですよね。残業を当たり前のようにしている方は多いかと思います。

しかし、社会的に長時間労働を是正しようという流れも活発化しています。

とくに新型コロナウイルスの流行によって、働き方に大きな変革が生じたあとは、残業時間はより削減されるべきという風潮が強まっています。

長時間労働は、法律的にはどこまで許容されるものなのでしょうか。

1 連日深夜残業、土日も休みなしの長時間労働を強いる

20代男性医師。定時の勤務時間は午前8時から午後5時だが、手術の立ち会いや救急車の対応などもあり、平日、病院を出られるのは早くても午後11時。学会の準備などもしなければならず、この1カ月は土日もふくめてほぼ休みがない。残業時間は自己申告制で、ほぼ申請できていない。業務を途中で放り出すことができず、過労死するのではないかと思いつめている。

企業や団体で働く上で、残業は避けては通れません。

雇用契約で就労時間の定めはありますが、業務上必要がある場合は、これを超えた残業を命じることができる場合がほとんどです。

労働者も残業を指示された場合には、正当な理由がないかぎり拒否することはできません。

しかし、残業命令は、法律や契約の範囲内で行われなければなりません。

まず、事業主が労働者に対して残業を命じるためには、雇用契約により残業を命じる権利を保持している必要があります。そのため、雇用契約で残業がないことが明記されている場合は、事業主が労働者に対して残業を命じることはできません。

また、**事業主が労働者に残業を命じるためには、残業について労使間で取り決めた労使協定（いわゆる「36協定」）の締結と届出が必要**です。

この36協定が締結・届出されていない事業場では、事業主は労働者に対して残業を指示することはいっさい許されません。

仮に36協定が締結・届出されていても、残業命令はその協定の限度内で命じる必要があります。36協定には残業の上限時間が明記されているので、この上限時間を超える残業命令は違法です。

今回のケースの場合は、定時である午後5時から午後11時まで6時間の残業がほぼ毎日のようにあるとのことなので、仮に1カ月の勤務日を20日とした場合、毎月120時間の残業をしていることになります。

この点、2024年4月施行の改正法により、一部の医療機関を除き医師についても労働時間は月100時間未満、または2～6カ月平均80時間以内の範囲に留めなければならないことになりました。

そのため、本件のような長時間労働を命じる行為は、ただちに違法となります。労働者である医師側は、違法となる範囲の残業命令に従う義務はなく、これを拒否することは理論上は可能です。

そして、業務を拒否したことについて上長が強い叱責をしたり、嫌味を言ったり、その他仕事上の不利益を与えたりするような行為は、業務の適正な範囲を超えたパワハラと評価される余地は十分にあります。

なお、会社が社員に残業をさせた場合には、法律上の管理監督者に該当しないかぎり、時間外労働・休日労働について割増賃金を支払う義務があります。

そのため、上司が部下に対して**「お前のせいで仕事が遅れているのに、残業代まで取ろうとするのはおかしい」「この会社では誰も残業代をつけている人はいない」「残業時間の上限をオーバーすると、あなたの評価にも響く」**などと言って残業をつけられないよう圧力をかける行為は、それが明示的にされても黙示的にされても、業務の適正な範囲と認められる余地はありません。

このような行為は、労働者が正当な対価を請求することを不当に抑圧し、その職場環境を大いに害する行為として、パワハラと評価される可能性は高いと考えます。

2 上司より先に帰りにくい雰囲気をつくる

——30代男性。上司や先輩が毎日深夜まで残業しており、帰りづらい。夜10時に帰ろ

――うとすると、上司から「帰るのが早い」と言われる。

上司や先輩が仕事で残っているので帰りづらい、という経験は誰しもあるかもしれません。

部下が帰りづらい雰囲気を感じ取って、自発的に居残っているだけの場合、この状況を是正しないことがただちにパワハラになるかと問われれば、答えはＮＯです。

なぜなら、**社長や上長が積極的に居残りを命じているわけではない**からです。

もちろん、社長や上長が居残っている社員を気遣って帰宅を促してやればよい、というのはその通りです。でも、そのような気遣いをする義務があるわけではないため、この気遣いがない＝パワハラであるという評価はできないのです。

ただし、居残りが常態化しており、社員の拘束時間や労働時間が恒常的に長時間化している場合は話が別です。

会社は労働者に対して**「安全な職場を提供する義務**（**安全配慮義務**）**」**を負っており、労働者に過剰な長時間労働をさせない義務もこの義務にふくまれます。

いくら自発的に居残りをしているからといって、その時間が長期化しているのに、管理職が見て見ぬふりをしてこれを黙認しているような場合には、会社側の対応が業務上適正な範囲を超えていると評価される可能性はあります。

今回のケースのように、部下が帰宅することについて上司が**「帰るのが早い」**と言ったり、**「周りが残っているのによく帰宅できるな」**などと嫌味を言ったりすることを繰り返せば、違法なパワハラになる可能性は否定できません。

また、違法な長時間労働が恒常化する中で、部下が上司より早く退社することについて強く叱責したり、人事考課を下げたりするなど雇用上の不利益を与える行為を繰り返した場合は、**事実上、長時間労働を強要する行為**としてパワハラと評価される可能性は相当高いと考えます。

3 私的な用事がある人に残業を求める

20代女性。会社の定時は18時なので、19時から友だちと待ち合わせをしていたが、

急に上司から急ぎの仕事を頼まれた。すでに予定が入っているので、残業を断りたい。

交際相手とデートの約束がある、友だちと飲み会がある、趣味の集まりがあるなど仕事帰りに私的な用事があるので、定時で仕事を終わらせた。そういうときに「急ぎの仕事なので今日中に処理してほしい」と残業を指示されれば、ショックを受けて当たり前です。

私的な用事があるのに、これを無視するように残業を指示するのはおかしいのでは、と思うかもしれません。でも、残念ながら、原則として許されるのです。

なぜなら、労働者は雇用契約において**「労務を提供する義務」**を負っているからです。その労務提供の義務には、**「残業なし」と明示的に合意されていないかぎり、定時を超えて働く義務もふくまれます**（36協定が締結されていることが前提です）。

契約上の義務は、「正当な理由」がないかぎり免除されません。

ちなみに、友人や交際相手と約束がある、などの私的な用事は、この「正当な理由」

には当たりません。

そういうわけで、今回のケースのような残業指示は正当であり、パワハラには当たらないことになります。

残業が拒否できる場合って？

しかし、労務提供の義務も、もちろん無制限ではありません。
残業を拒否することが可能な、次のようなケースもあります。

1 残業命令自体が違法である
2 残業をする業務上の必要が皆無である
3 社員側に「正当な理由」がある

これらの場合は、残業を拒否することが可能です。もし、**1**～**3**の場合に残業を強いれば、パワハラに該当する可能性はあります。１つずつ見ていきましょう。

1について、**職場で36協定が締結・届出がされていないのに、残業を指示する行為はいかなる場合も違法**です。労働者側が36協定が未締結であることを理由に残業を拒否しているのに、これを強制するような行為はパワハラとなりえるでしょう。

また、36協定が締結されていても、そこで定められる上限時間を超えて残業を命じる行為も違法であるため、同様のことがいえるでしょう。

2について、企業側において残業を命じる必要がまったくないにもかかわらず残業を命じる行為も、業務命令権を濫用するものとして、社員側の労務提供義務が否定される可能性はあります。

もっとも、業務上の必要性の有無の判断には、企業側に相当に広い裁量があります。「業務上の必要がない場合」とは、**「誰がどう見ても必要がないことが明らかである」**という限定的な場面であることに留意しましょう（社員側で必要がないはずだ、と考えているだけでは、まったく足りないということです）。

また、**3**の**「正当な理由」**とはなんでしょうか。

本人の体調が突然悪くなった、子どもが急病となった、家族が大きな事故に巻きこまれた、というケースは私的なこととはいえ、緊急性が高いものです。こういったケースは、業務を拒否する正当な理由になりえます。

社員が緊急事態だと説明しているのに、これを無視して残業を強いる行為もパワハラになる可能性があります。

4 土日出勤を繰り返し求める

30代男性。会社は土日休みのはずなのに、自社主催のイベントが土日にあることが多く、月に3回は土日のどちらかに出勤を求められる。平日も営業回りがあるので休めない。家族がいるのに、休みが取れずにきつい。

多くの企業では平日に働いて、土日は休日というケースが一般的ですよね。

休日は労働者が心身の疲れを回復するために必要であり、仕事から解放されてプライベートを楽しむ時間として重要です。

しかし、現実問題として、休日に勤務を命じられることは往々にしてあります。**休日労働は違法な業務指示となるような場合でないかぎり、ただちにパワハラにはならない**ことは、なんとなくご理解いただけると思います。

なお、労働者側で休日に勤務せざるをえないと考えて、自主的に休日勤務を繰り返し、会社もこれを知りながら黙認していることはよくあります。このような黙認行為も、ただちにパワハラとなるものでもありません。

もちろん、このような黙認により違法な長時間労働がされている場合には、問題となる可能性があります。

しかし、そのような違法状態が存在すること＝違法なパワハラというわけでもないので、この点は留意しましょう。

休日の業務指示は、いつでも、どんな場合でも許されることはもちろんありません。

たとえば、安全配慮義務の観点からすれば、社員が月80時間～100時間もの著しい長時間の残業をしているのに、それでも休日労働を繰り返し命じるような行為は、違法な業務指示としてパワハラとなる可能性があります。

また、休日を返上して対応するような必要がまったくなく、休日明けの通常勤務で処理すれば問題がないような業務なのに、あえて休日労働で処理させる行為を繰り返した場合、業務上の必要性が否定されてパワハラと評価される可能性もあります。

なお、休日出勤に至らないとはいえ、本来プライベートな時間帯であるはずの休日に、上司が部下の都合を無視した業務上の連絡を繰り返すこともあるかもしれません。休み中に業務連絡をしたからといって、ただちにパワハラにはなりません。ただし、

- 休日に休んでいることをことさら非難する
- 連絡に対して即時対応・返信がないことを強く叱責・非難する

このような場合は、相手のプライベートを過剰に侵害する行為として、パワハラに該当する可能性があります。

Point

- 36協定に定められた残業の上限時間を超える残業命令は違法
- 暗黙の了解的に残業代をつけさせない行為はパワハラになる可能性が高い
- 残業時間が36協定の上限を超えていたり、そもそも残業をする業務上の必要性がなかったり、社員に「正当な理由」（体調不良や家族の病気など）がある場合は、残業命令を断ることができる
- 休日に社員へ連絡すること自体はパワハラではないが、返事がないことを強く叱責する行為はパワハラになる可能性がある

23
定時外の仕事、会議設定……どこまでOK？

上司からの急ぎの依頼や顧客の唐突な要求。会社員の場合、無理なスケジュールで対応しなくてはいけないのは、めずらしいことではありませんね。

ある程度はやむをえない場合もあるかと思いますが、どこまでが法律上の許容範囲なのでしょうか。

まず、原則論からいえば、社員は**「雇用契約に基づいて業務上必要な労務を提供する義務」**を負っており、この労務には**「緊急案件に対応するための変則的勤務」もふくまれる**のが通常です。

そのため、早朝、深夜帯などの変則的な時間に勤務を命じられたというだけでは、ただちに違法なパワハラであることにはならないでしょう。

しかし、いかに契約上の義務があるといっても、業務上の必要性の乏しい変則勤務を命じることや、常識的に認められないような変則勤務を命じることが、どこまでも許容されるはずがありません。そのため、業務上の必要性や常識的に認められる範囲なのかを検討する必要があります。

このような限界を超えていることが明らかな場合には、変則勤務を命じること自体が違法なパワハラと評価される余地はあります。

1 始発での出勤・出張、終電での退勤を強いる

20代営業職の男性。クライアントとの交渉のため、始発で行かないと間に合わない時間で出張をさせられることがしばしばある。繁忙期には終電や、終電が間に合わない場合はタクシー帰りのこともある。業務量が多すぎて、肉体的にも精神的にもきつい。時間外勤務にはどこまで対応しなくてはいけないのか。

会社から始発で職場や出張先に向かうよう指示されたり、仕事が多すぎて毎日終電で帰宅したり……。始発で行かないと間に合わない、毎日終電帰り、という勤務状況はどこまで許容されるのでしょうか。

このような勤務は社員の心身がすり減ることが予想されますが、業務上必要である場合は、ある程度許容されます。単に始発・終電による負担が重いというだけでは、パワハラであると評価することは困難です。

しかし、早朝・深夜の勤務を繰り返し命じた結果、長時間の労働となることは、労働者の心身に大きな負担を与え、健康状態を悪化させる危険性があることは社会的に広く認知されています。

そのため、社員の早朝・深夜の勤務が続き、残業時間がかなり長時間化していることを会社側・管理職が認識しているのにもかかわらず、このような勤務を命じ続ける（もしくは、自主性に任せる）ことは、**「労働者の健康状態を悪化させる危険のある勤務を命じる行為」**として違法性を帯びることはありえます。

また、前述の通り、現行法では「各月の残業は月100時間未満または2～6カ月平均80時間以内の範囲に留めなければならない」とされているため、それを超えるような長時間労働を命じる行為は、ただちに違法となります。

今回のケースでは具体的な労働時間までは不明ですが、その労働時間が法定の上限時間を超えていればそもそも違法で、労働者の健康状態を悪化させる危険性も十分にはらむものという評価となりえるでしょう。

このように、社員の健康状態を損ねる危険性をはらむような指示命令については、これを命じるべき業務上の必要性も相対的に厳しくジャッジされるべきです。

さして必要性が高くないのに、早朝・深夜の変則的勤務を繰り返し命じることは、業務上の必要性が乏しく、常識的にも許容されないものとして、パワハラだと評価されることは十分ありえます。

2 夜遅い時間に会議を設定する

40代女性。会社の定時は18時までだが、会社の都合でしばしば18時過ぎから会議を設定される。緊急ならしかたないが、夜は自分の子どもに晩御飯をつくったりしなくてはいけないのに、定時外の会議設定ってどうなのかと思う。

夜遅い時間の会議の設定も、基本的には1のケースと同じです。業務上必要である場合は、会社は社員に対して定時外の業務を命じることは許容されるため、パワハラと評価する余地は乏しいと思われます。

しかし、**業務上、定時外の時間に会議を設定する必要性が乏しい場合や、労働者の私生活の悪影響など負担が過剰になるような形で、繰り返し会議が設定されるような場合は、これが法的に問題となる可能性は否定できません。**

たとえば、上司が部下に対して日中はまったく仕事をふらずに放置しておきながら、さしたる必要もないのに終業時刻の2〜3時間後に会議を設定し、それまで長時間、社内での待機を強いる。そのような行為を繰り返した場合、客観的に見れば部下に対する嫌がらせと見られてもやむをえません。

では、今回のケースについてはどうでしょうか。

まず、社員側で定時以降に会議を設定してほしくないという気持ちは人情としては当然です。

しかし、会社として業務上必要があると考える場合には、定時以降に会議を設定することは基本的に許容され、社員側も正当な理由がないかぎり、これを拒むことはできません。

そうすると、本件は業務上の必要性から会議が設定されていると思われるため、社員側が不満に思ったとしても、ただちにパワハラと評価されることはないと考えます。

一方で、社員に対してことさら過剰な負担を与えるようなやり方で、いつも夜遅い時間帯に会議を設定し続けるような場合は、業務上の必要性がない、常識的に認められない行為として、パワハラと評価される可能性があります。

3 業務終了後に連絡をする

30代男性。会社でリモートワークが活用されており、ノートPCやスマホが支給され、会社のメールやチャットツールで上司から連絡が来る。土日にも連絡が来ることがあり、返事をせざるをえない。


帰宅後に、即時返答しなければいけないような仕事の連絡をどんどん送ってくるのはやめてほしい、と考える人が大半ではないでしょうか。

リモートワークも普及しているので、就業時間外でもスマホで仕事のメールを受信することもあるでしょう。

この点、**単に業務メールを受信するだけであれば、即時の対応が求められるような場合でないかぎり、ただちに業務指示があったことにはなりません。**

また、メールではなく電話がかかってきた場合でも、単純な事務連絡や確認の電話であれば拘束性が乏しく、業務への従事を求めるものにはならないでしょう。したがって、上長から業務時間外にメールや電話で連絡があっただけでは、パワハラにはなりにくいと考えます。

他方で、即時の対応を求めるものであったり、相応の時間を拘束されたりする場合には、労務提供を求めるものと考えることもできます。

この場合でも業務上の必要性があり、かつ対応時間を労働時間として考慮されている場合には、正当な業務指示として問題にはなりにくいでしょう。

しかし、次のような場合は問題になる可能性があります。

- 業務上の必要性が乏しいのに、プライベートな時間に対応を求める連絡を長期にわたって、何度も繰り返す

● 対応に相応の労力を要することを知りながら、これを労働時間と認めずサービス残業を強いる

これらの場合は、業務上の必要性が否定され、常識的に認められないものとして、パワハラと評価される可能性があります。

Point

- 早朝・深夜帯の勤務を命じるだけでは、パワハラにならない
- 必要性が高くないのに早朝・深夜の変則的勤務を繰り返し命じ、法律の上限を超えるような長時間労働をさせた場合、パワハラに該当する可能性はある
- 定時外の会議設定は基本許容されるが、社員に過剰な負担がかかる形で、連日夜遅い時間に会議を設定した場合は、パワハラになる

法律コラム 6

会社と労働者はあくまで「対等な関係」

ここまで読んできて、自分がパワハラ加害者になる可能性もあるのではないかと、少し不安になった方もいるかもしれません。

パワハラ的な行動をとらないために、個人でできる予防・対策は何があるのでしょうか。

それには、次の3つが大切です。

1 職場がどういう理屈で成り立っているのかを理解する

2 パワハラやセクハラなどのハラスメントとはどのようなものかを理解する

3 **1**、**2**をふまえて自身の行動を律する

2、**3**については、事例で説明しているので、ここでは**1**について掘り下げて見ていきます。

まず、職場とは「雇用契約を基軸に組織化された就労の拠点」を意味します。

ここで重要なのは、「**①雇用契約を基軸とする場である**」ことと、「**②就労の拠点である**」ことです。

「**①職場が雇用契約を基軸とする場である**」という意味は、「**職場での上下関係はあくまで雇用契約に基づく労使関係にひもづいているにすぎない。したがって、上司の部下に対する命令権限も、使用者の労働者に対する契約上の権限から認められているにすぎない**」ということです。

このことが理解できれば、上司は部下よりも人間的・人格的に優れているから指揮命令ができる、業務上のスキルが高いから指揮命令ができるというわ

けではなく、**単にそこに契約関係が存在するから指揮命令ができる**ことがよくわかるはずです。

会社と労働者は、契約当事者としては「対等な関係」です。

つまり、上司が部下に対して指揮命令を行う場合も、相手を「対等の契約当事者」として認識し、最低限の配慮や敬意を払うことが必要です。

このことがきちんと理解できていれば、上司が部下に対して横柄な態度をとったり、部下の人格を貶めるような態度をとったりすることは自制できるはずです。

「**②就労の拠点である**」という意味は、「**職場は業務を行うことを目的とした場であり、業務外のことを行う場ではない**」ということです。

たとえば、セクハラは職場での性的な言動に起因するハラスメントですが、業務を進める上で性的な言動を行う必要はまったくありません。

また、業務と関係のない無理難題を押しつけるようなパワハラも、業務を行う上で必要ないことは明らかです。

そのため、職場があくまで就労の拠点にすぎないことを理解していれば、明らかなハラスメントが行われることもなくなるように思われます。

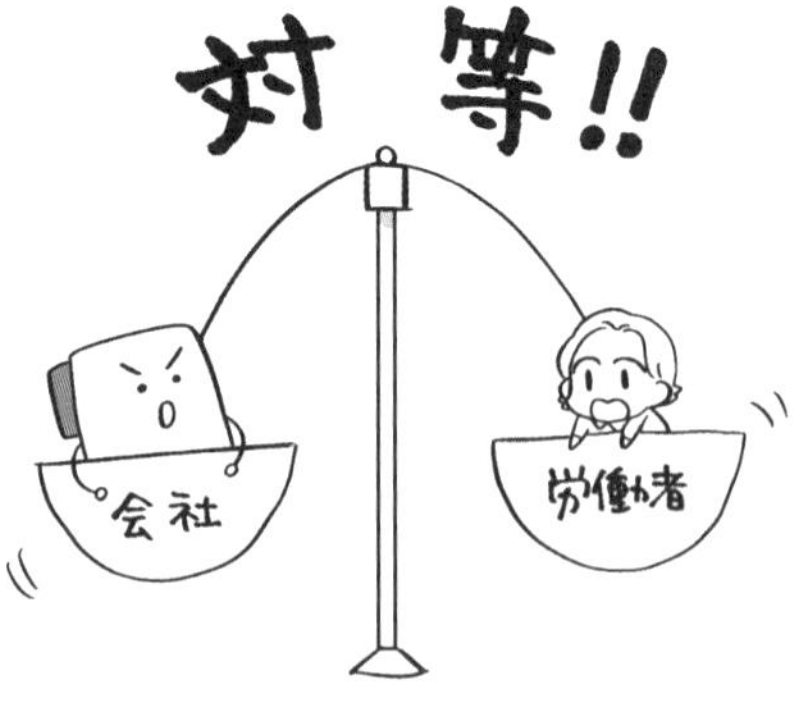

24

「休む理由」って聞いていい？

有給休暇を使って休みを取ろうとしたら、上司から嫌味を言われて嫌な思いをした。そんな経験のある方もいるでしょう。

逆に、管理職の方の場合は、繁忙期に部下が有給休暇を取ろうとして、つい「なんで休むの？」と聞きたくなったこともあるかもしれません。

働く人の中には「病気になったわけでもないのに、有給休暇の申請なんてとてもできない」という人もいます。日本ではなぜか、権利として与えられている有給休暇を取得することにネガティブな印象が蔓延していますよね。

有給休暇を自分の好きなように取ることは、何か問題があるのでしょうか。

まず、基本的なこととして、**有給休暇は「労働者に認められた法律上の権利」**です。雇用契約でどのように定められようと、この法律上の権利を侵害することは許されません。そのため、**労働者はいつでも、どのような理由でも、有給休暇の権利を行使することが可能であり、会社は特段の事情がないかぎり、この権利を制限することはできません。**

また、労働者が有給休暇を取ったことを理由に、職場から雇用上の不利益を受けたり、職場環境が悪化するような対応を受けたりすることは、有給休暇の権利を間接的に制限するものであり、やはり許容されないと考えます。

とくに、昨今では有給休暇の権利行使をより保護しようという社会的な流れがあります。

２０１９年４月の法改正によって、**会社は各労働者に年５日以上の有給休暇を消化させる義務を負う**ことになり、会社側から「年に５日休むように」と言われている人も多いはずです。

もし年間５日の有給休暇すら取れていない状況であれば、それ自体が違法状態ということになります。

このように**労働者の有給休暇の権利はとくに手厚く保護されています**。

もし、労働者が休暇を取得したことについて、上司から何かしらの嫌がらせをされたということがあれば、それはパワハラの評価を受けやすいと考えます。具体的な事例を見ていきましょう。

1 有給休暇を取得する理由をしつこく聞く

20代女性。上司に平日に有休を取ることを伝えたら「なんで休むの？　病気？」と聞かれた。休む理由を答えなくてはいけないのか？

すでにご説明したとおり、有給休暇は労働者の法律上の権利であり、その権利を行使するのに特別な理由は不要です。労働者はどのような理由でも有給休暇を取得でき、会社側も休暇を取得する理由を把握する必要はありません。

もっとも、有給休暇取得の権利行使は例外があります。

労働者の希望する日に有給休暇を取得した場合、事業運営に著しい支障が生じるような場合には、会社側は労働者に対して別日に変更するよう求める権利があります。

この会社の権利を**「時季変更権」**といいます。

会社が、この時季変更権の行使に必要な範囲で、労働者から有給休暇取得の理由を申告させることは、ただちに違法ではないと考えられています。

たとえば、複数の労働者から同時期に有給休暇の申請があり、同時に休まれると業務上支障がある場合もあります。その際、誰を優先的に休ませるかを整理するために、各人から休暇取得の理由を申告させるケースがこの典型といえます。

また、仮に時季変更権の行使に関係ない場合であっても、労使間のコミュニケーションの一環として、休暇取得の理由をたずねることもあります。

理由を聞くこと自体が、労働者になんらかの苦痛を与えたり、その職場環境を害するものではなかったりする場合は、ただちに違法ということもないでしょう。

今回のケースも、単に職場内でのコミュニケーションの一環として休む理由を聞いているだけと思われるため、上長がたずねる行為自体に違法性はないと考えます。

このように、会社が許容される範囲で有給休暇取得の理由を質問しているような場合は、業務上の必要性は否定されず、常識的に許容されるものであり、パワハラにはなりません。しかし、次のように許容範囲を超えている場合は別です。

- 申請書に記入欄があるから、など形式的な理由のみで取得理由を執拗にたずねる
- 取得理由について難癖をつけたり、嫌味を言ったりするなどを繰り返す
- 「なぜ休むか言わない」ことのみを理由に、有給休暇の取得を拒否する

このような場合には、業務上の必要性が否定され、常識的に認められない行為として、パワハラと評価される可能性はあります。

2 有給休暇を取った社員を叱責する

30代男性。正月明けに休みを取り、土日をつなげて休んだ。休み明けに出社すると、社長に呼び出され、「正月明け早々に休むなんておかしい」「お前が休んでいる間もみんな仕事をしているんだぞ」と叱責された。自分の担当分の仕事には支障がないのに、叱責されるのは納得がいかない。承認を出した上司も巻き添えになって怒られた。

まず、原則論として有給休暇は労働者の権利であり、いつ、いかなる理由でも権利行使可能です。そして、有給休暇の権利を行使したことにより仕事に差し支えが生じるかどうかは、会社が時季変更権を行使するか否かの判断で検討すべき問題であり、労働者が自ら検討すべき問題ではありません。

そのため、**有給休暇を取得した結果、たとえ仕事が停滞してしまったからといって、ただちに労働者側に責任があることにはなりません。**

本件のようなケースで、上司が部下の仕事の状況を的確に把握した上で、時季変更権を行使せずに有給休暇を取得させたのであれば、社長から部下への叱責が適切ではなく、叱責の程度によっては、パワハラに該当する可能性はありえます。

しかし、仕事がたまりにたまっているのを労働者自身がわかっていながら、仕事に支障はないなどと不適切な説明をしたりして有給休暇を取得する行為は、労使間の信頼関係を傷つける行為であるという見方はありえます。

そのため、休むと業務に大きな支障が出るとわかっているのに、自己判断で休みを取った部下に対して、「有給休暇を取得する際にもっと配慮してほしい」と上司が注意することが、ただちに問題となるとは思われません。

また、社員側が自分の状況を上司と共有したり、相談したりせず、半ば仕事を放り出すような形で有給休暇を取得していたような場合についても、会社による叱責や注意指導はある程度は許容されます。その場合は、パワハラになる可能性はかなり低くなるように思われます。

Point

部下の希望する有休取得日を変更させたい場合は、業務に支障がある場合のみ、別日に変更を求める権利がある（時季変更権）

有給休暇の理由を聞くこと自体は問題ないが、休むことについて難癖をつける、嫌味を繰り返し言う、理由を言わないと休ませない、などの行為は、パワハラになる可能性がある

25 リモートワークをやめて出社するように求める

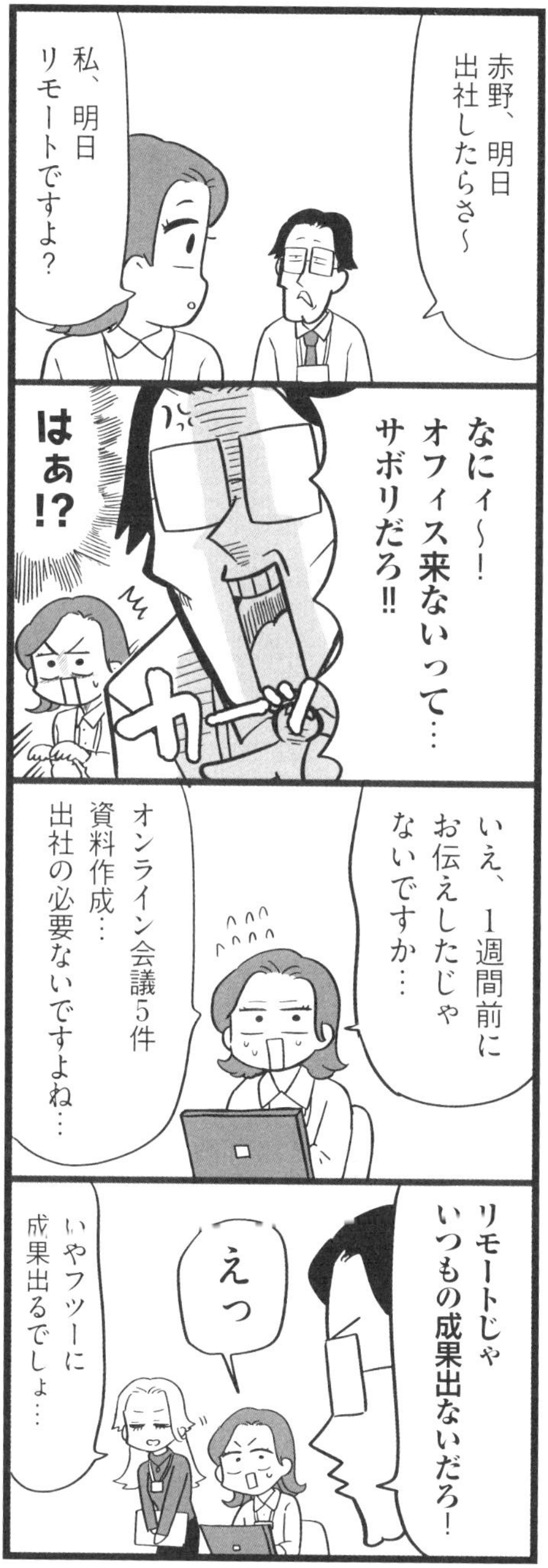

新型コロナウイルスの流行により、日本の働き方は大きく変容しました。以前はほとんど導入されていなかったリモートワークが大幅に躍進したのは、その一例といえます。

リモートワークが普及し始めたのはごく最近のことなので、リモートワークで働くこと自体を快く思わない人もいます。

しかし、リモートワークが可能な中、当然のように出社を求めることは、法律的にはどうなのでしょうか。次の例を見てみましょう。

1 リモートワークを許可していたのに、出社を要求する

20代女性。コロナ禍中に転職。転職先を選ぶときに、求人情報を見て「会社側がリモートワークを許可している」会社を選び、転職（雇用条件にはリモートワークについて記載がなかった）。それなのに、コロナ禍が明けたら、「チームワークのため、週に2日は出社するように」と言われた。家も会社から離れているし、通勤は時

間の無駄。リモートワークをしていいから今の会社を選んだのに、入社したときと話がちがうと思う。

リモートワークとは、一般的には「就業場所を会社オフィスに限定せず、自宅その他労働者が自由に選択する場所での勤務を許容すること」を意味します。

就業場所は、基本的には雇用条件として明示するべきものなので（**労働基準法施行規則第5条第1項第1号の3**）**、通常は雇用開始当初に労働者との合意により決定されます。**そのため、検討の前提として、合意がどのようにされているかがポイントとなります。

採用時にリモートワークでの就労が前提だった場合

まず、採用時にリモートワークでの就労を前提に雇用が開始されたようなケースでは、就業場所は原則として労働者が希望する任意の場所とする合意があるといえます。

このような合意がある以上、会社が就業場所を自らの都合で変更することは、当然許容されないと考えます。

もっとも、会社には労働者の仕事内容や仕事のやりかたを指定する権利（人事権）があります。そのため、**人事権が正しく行使される場合には、たとえリモートワーク勤務について、双方合意があったとしても、会社側は勤務場所を会社オフィスなどに指定可能**といえます。

たとえば、会社によるリモートワークの停止に業務上正当な理由があり、かつ労働者に著しい不利益が生じない場合。このような場合は、リモートワークの停止を求めることが、パワハラであることにはなりにくいと思われます。

他方、業務上の理由が乏しい場合や、リモートワークでの就労を前提に、社員が遠隔地に居住している場合など、**社員に不意打ちとなるような重大な不利益が生じるのに、それを無視しているような場合**はどうでしょうか。

そうした場合は、人事権の行使として正当化されない可能性があり、**出社を執拗に求める行為や、その指示に従わないことで雇用上の不利益を与える行為がパワハラと評価されることはありえます。**

今回のケースの場合、採用時に勤務地についてどのような合意が成立していたかを慎重に検討する必要があります。

本件では転職時の雇用契約書にリモートワークについて特段の記載がなかったようなので、就業場所について労働者側の自由に委ねる合意があった、と断言するのは難しい印象があります。

それでも、転職時の説明や採用後の働き方から、この合意が認められる可能性はゼロではありません。そのような特別な事情がある場合には、これを一方的に変更する業務指示は許されないと考える余地はあります。

もっとも、雇用契約においてそのような合意がない場合でも、会社によるリモートワークの中止決定が明らかに嫌がらせ目的であったり、労働者への配慮が著しく不十分であったりする場合には、問題になることもあるでしょう。

社員のほとんど全員がリモートワークを許容されている中、自分だけがとくに理由もなく禁止されて出社を求められた、リモートワークを前提に生活設計をしているのに、猶予期間もなく唐突に出社を命じられるようになった、などの場合は、会社の裁量を逸脱するものとして、パワハラと評価される余地はあります。

在職中にリモートワークOKになった場合

また、採用時にはリモートワークが許可されていなかったものの、在職中に許可されたというケースでは、検討の視点が若干異なります。

このような場合、就業場所について、労働者が希望する任意の場所とする合意が成立しているわけではなく、基本的には**「会社が指定する場所」という合意**があります。

その場合は、会社側が労働者への配慮から「一時的に勤務場所を労働者が希望する任意の場所とすること」に同意している程度の意味にすぎません。その同意がなくなれば、当初の合意通り、会社の指定する場所で勤務を行うべきということになります。

会社は労働者に対してリモートワークを適用するかどうか、適用するとしてその範囲をどうするかを決定する裁量があります。そして、労働者は基本的にはその決定に従うことになります。

そういうわけで、在職中に一時的にリモートワークが認められるようになったというケースでは、リモートワークの適用を中止する行為が嫌がらせ目的であることが明確でないかぎり、パワハラと評価されることは基本的にないと考えます。

Point

- リモートワーク前提で社員が遠隔地に居住している場合、出社を執拗に求めたり、出社しないことを理由に雇用上の不利益を与えたりすれば、パワハラになる可能性がある
- 一時的にリモートワークが認められるようになった場合、リモートワークを停止しても、パワハラにはならない

第4章

異動させる、退職を促す……どこまで許される？

26 休みがちな社員に退職を促すのって違法になる？

子育て中の社員が、子育てのために早退・欠勤が続くなど、会社が期待しているようなパフォーマンスが発揮できないことがあります。

そういった場合に、会社側が退職を示唆することは法的に問題ないのでしょうか。

具体例で見ていきましょう。

1 子育て中の社員に退職をすすめる

子育て中の30代女性。子どもが体調を崩しやすく、会社を休んだり、早退したりすることもしばしばあった。ある日、上司に呼ばれ、「あなたが休むと代わりの人が仕事をやらなくてはいけないし、だからといって人を補充できるような状況ではない。もしこれからもお子さんが体調を崩すようであれば、子育てに専念したほうがいいのでは」と暗に退職をすすめられた。

会社が社員に対して退職を求める行為は、すべて「クビ」を言い渡す行為であって、解雇を意味すると誤解されがちですが、じつはそうではありません。

会社側が退職を求める行為は、**「解雇」**である場合もあれば、解雇ではなく**「退職勧奨」**に留まる場合もあります。解雇と退職勧奨は似て非なるものであり、法律的には明確に区別されています。

まず、**「解雇」**とは法律的には**「労働者の意向を排除して、雇用契約関係を一方的に解除する意思表示」**を意味します。つまり、労働者に勤務継続の意思があろうとなかろうと、雇用契約を打ち切ることを通告する行為が解雇です。

解雇は、日本の法律では原則として違法・無効であり、例外的に客観的かつ合理的な解雇理由があり、社会的に許容される方法や対応でされた場合にかぎり、適法かつ有効とされています。

このように、日本の法制度では解雇の適法要件は、非常に高いハードルが設定されています。そのため、会社が解雇を一方的に行うことは難しく、解雇をちらつかせて労働者に不利益を与える行為は、パワハラと評価されやすいと考えます。

他方、**「退職勧奨」**とは、**「労働者に対して自主的な退職を推奨し、合意での退職を**

申し入れる行為全般」を意味します。

退職勧奨は労働者の自由な意思に従って退職を促すものであり、労働者の意向を排除する解雇とはまったく異なります。そして、退職勧奨は、日本の法律ではとくに規制はされておらず、使用者はいつでも、どのような理由でも退職勧奨を行うことが許容されています。原則として「適法な行為」と考えられています。

もっとも、退職勧奨はあくまで**労働者の自由な意思に基づいて退職を促す行為**として許容されるため、これが「勧奨」ではなく「強要」となる場合は、違法性を帯びることとなります。

この「勧奨」と「強要」の区別は非常に微妙なところです。

一般的には退職勧奨の内容、方法、頻度などの事情から、**労働者の自由意思を制圧するような態度で退職をすすめる行為は退職強要に当たる**と考えられています。

たとえば、労働者が退職に応じないことを明確にしているのに、繰り返し退職を求める行為や、労働者を長時間拘束して執拗に退職勧奨に応じるよう迫る行為は、「退職強要」として違法な行為と評価されやすいと考えます。

そのため、会社側による退職勧奨が許容される限度を超えて退職強要と評価された場合には、当該行為は違法なパワハラと評価されることになるでしょう。

本件は、社員が育児により安定して就労できないことを理由に退職をすすめるものです。退職勧奨自体は原則適法ではありますが、じつは**「育児介護休業法」**という法律で、**育児休業等をしたことを理由に労働者に不利益な扱いをすることを禁止**しています。そして、退職勧奨もこの不利益な扱いに該当するといえます。

そのため、**社員が法令で許容された範囲内で休業や短時間勤務をしているのにもかかわらず、それを理由に退職をすすめる行為は、同法への違反を理由に、許容されないと考えます。**

他方、**社員が同法で認められた休業や短時間勤務を超えて遅刻、早退、欠勤を繰り返している場合には、安定就労が難しいことを理由に、退職勧奨することは許容される**と考えます。育児介護休業法は、あくまで法令で認められた権利を労働者が行使したことを理由に不利益を与える行為を禁止するものであり、労働者による育児等について全面的な理解・配慮まで求めるものではないからです。

そのため本件でも、社員が法令や社内規制で許容された範囲で時短勤務をしていた場合、退職をすすめる行為自体が違法の可能性が高いです。一方で、許容範囲を超えて、遅刻・早退・欠勤等が繰り返されていたのであれば違法にはならないと考えます。

Point

会社が個人の意思に基づく退職勧奨ではなく、個人の意思を制圧するような態度で退職をすすめる行為は、パワハラになる

育児中の社員が、法令で許容している範囲で休業や短時間勤務しているにもかかわらず、休みがちなことを理由に退職をすすめる行為は、育児介護休業法に違反する

育児介護休業法で認められた範囲を超えて、社員が遅刻、早退、欠勤を繰り返している場合には、退職勧奨することは問題ない

法律コラム 7

企業ができる「ハラスメントの予防措置」

本書を読んでくださっている方の中には、組織づくりにかかわっている人、これから健全な組織をつくっていきたいと考えている人もいるでしょう。

組織としてハラスメントが起こらないようにするには、どうすればいいでしょうか。

まず、企業側にはハラスメントを予防するための措置を講じる法的な責任があります。そのため、このような法律の要請に基づく組織・体制・ルールづくりは最低限の対応として必須です。

ただ、そのような組織・体制・ルールを形式的につくっただけでは、実際にパワハラ等を防止することは困難です。

そのため、体制整備をより意味のあるものとすべく、力を入れなければならないのは、次の2つです。

1 社員に対するトレーニング
2 対応窓口・手続きの明確化

それぞれ簡単に解説していきます。

1 社員に対するトレーニング

ハラスメントのトレーニングは「何がハラスメントになるか」という表面的な事柄だけでなく、「**雇用契約とは何か**」「**社員との関係は法的にどう整理されるのか**」という原理原則から理解が必要です。

事例検討の中でも何度か触れましたが、企業と社員との関係はあくまで雇用という契約関係にすぎず、

企業と従業員との関係

○「雇用」の契約関係

× 一方的に支配する・される関係

師弟関係やその他の隷属関係（一方がもう片方に当然のように支配される関係）があるわけではありません。

上司・部下という関係は、あくまで雇用契約に基づく指揮命令系統の中で上下関係が認められるものにすぎず、雇用契約を外れて人間的な上下関係が認められるものではありません。

このように企業と労働者の関係性をきちんと理解していれば、取引先に対する場合と同様、部下や同僚を雇用契約の当事者として尊重し、常識的な敬意・配慮を持って接する必要があることは、自然と理解できるはずです。

そして、関係性について深い理解があれば、相手に対してハラスメントになるようなふるまいは自然と抑制できるのではないでしょうか。

ハラスメントのトレーニングの対象となる人

次に、ハラスメントに関するトレーニングを行う範囲ですが、**管理者だけでなく管理される側の社員**

も対象とするべきでしょう。

なぜなら、ハラスメント行為を巡るトラブルの多くは、**「管理者側と被管理者側のハラスメントに対する理解の食いちがい」**から生じるからです。

管理者側ばかりをトレーニングしても、被管理者側がトレーニングされていなければ、この理解の齟齬を埋めることはできません。結局、ハラスメントを巡るトラブルは発生してしまうでしょう。

たとえば、昨今のマスメディアによる報道では「相手が不快と思えばハラスメントである」と不正確な説明がされることがたびたびあります。

被管理者側がこのような説明をうのみにしていた場合、上司からの雇用契約に基づく正当な指示・命令であっても、被管理者側が不快・不満であれば「ハラスメントではないか」と間違った認識を持ってしまいます。

もし会社側が管理者・被管理者に対して、雇用契約に関する原理原則をふまえた適切なハラスメントトレーニングを統一的に行うことができれば、この理解の齟齬が生じることを防ぐことができます。

この場合、まず、被管理者との関係では、**「被管理者は雇用契約の一当事者として尊重されるべきである」**ということを理解してもらいます。

また、被管理者に対しては、**「被管理者は同契約に基づいて企業**（上司）**から業務上必要な指示・命令をされる立場にあり、基本的にこれに従う契約上の義務がある」**ときちんと理解してもらうことも大切です。

2 対応窓口・手続きの明確化

社員に対するトレーニングと同等に重要となるのは、**対応窓口や手続きを明確化すること**です。

上場企業や大手企業は、ハラスメントに関する内部通報窓口やハラスメントが発生した場合の処理手続きについて、社内でルールを設けている場合がほとんどでしょう。

他方、中小規模の企業ではこのような窓口や手続きの整備がされていないことが多く、ハラスメント事例が発生した場合、場当たり的に直接の上長が窓口になり、代表者や役員と相談・協議して対応するというケースも少なくありません。

ハラスメントが発生した場合の対応窓口や手続きが明確に整備されていないと、問題が発生しやすくなります。

ハラスメントのトラブルは、深刻化する前であれば、企業側で相談に乗ったり、企業側がはけ口となったりすることで解決する場合も少なくありません。

対応窓口が明確となっていれば、社員側がモヤモヤした段階で相談をすることができ、トラブルが深刻化する前にこれを希釈化することが期待できます。

一方で、対応窓口が明確となっていない場合には、ハラスメントの事象が生じたときに対応がまちまちとなってしまう可能性があります。

対応窓口や手続きが整っていない場合、企業への不信感が強まることも

対応がまちまちだと、社員に無用な不公平感を与える可能性があります。ハラスメント被害によって企業側にただでさえ不信感があるのに、これがますます強まってしまうかもしれません。

また、手続きが明確となっていない場合、企業側が何をどのように進めるべきかの指針がないことから、適正かつ効率的にハラスメント事象の処理を行うことが難しくなります。

このように、対応窓口や手続きが明確になっていないと、ハラスメント被害の発生・拡大を助長させる可能性があります。

企業に対して強い不信感を持った社員とのトラブルは深刻化しやすいものです。

ハラスメント時の対応の手続きがふだんから明確

になっていれば、企業側が所定のルールに従って案件を処理していることが社員側にもわかり、企業に対して無用または過剰な不信感を抱く可能性を抑制できます。

このように、ハラスメント対応という点にフォーカスした場合、企業規模にかかわらず、対応の窓口や手続きを整備することは重要といえます。

もちろん、小規模・零細の企業に大企業並みの体制を整えることを要求するのは無理があり、非現実的です。ただ、小規模・零細企業だからといって、何も整備する必要がないというのも大きな誤りでしょう。

最近ではSNSの匿名性を利用して、会社の対応を不満とする社員が、独断で社内の対応を暴露する（要するに晒しものにする）というケースもよく見られます。

このような「晒し」行為は、社員側の偏見や思いこみによる場合も多く、また、無関係の一般大衆を巻きこんで炎上してしまうことも決してめずらしくありません。

仮に炎上する事態となれば、企業の信用に致命的なダメージとなることもあるでしょう。

少なくとも、自社の身の丈に合わせた上で、可能なかぎりの体制を整備するよう努めることが大切と思われます。

なお、セクハラやパワハラについては、法令上一定の体制整備の義務が課されることも、留意しておきましょう。

27

メンタル病んでいそうな人に休職をすすめてもいい？

休職は、**労働者が心身の故障によって通常の労務提供ができない状態に陥った場合に、本来は労務提供義務を履行できないことを理由に解雇されるのを猶予し、労働者に一定の休息を与えて、健康状態の回復を待つこと**を趣旨とするものです。

休職制度は法律上の制度ではありませんが、多くの企業が就業規則などでこの制度について定めています。その場合は雇用契約に基づく制度として、労働者に対して休職命令が可能となります。

また、雇用契約や就業規則に定めがない場合も、休職制度自体は労働者にとって健康配慮や解雇猶予といったメリットがあるので、会社側が休職を命じることができる場合もあると考えます。次のケースを見ていきましょう。

1 精神的に不安定になっている部下に休職をすすめる

30代男性。ここ数カ月、深夜まで毎日残業している。眠れない状態が続いており、仕事中に突然涙が出たり、後輩に話しかけられただけで「自分で考えろ！」とどなったりしてしまうことも。仕事でケアレスミスも多くなっていた。そんなときに上司から呼び出されて、「体調があまりよくなさそうなので、少し休んではどうか？」と言われた。病人扱いされてショックを受けた。

休職はあくまで労働者の健康及び雇用維持に配慮する制度であるため、正しく行使されるかぎり、休職を命じる行為やすすめる行為がパワハラと評価されることはありません。

したがって、今回のケースの場合は、言われた本人が病人扱いされたことに対して不当だと感じているものですが、本人の体調を鑑みて上司が提案しているにすぎず、パワハラと判断するのは困難だと思われます。

しかし、**休職制度が正しく運用されていない場合には、当然休職することを指示したり、すすめたりする行為は違法**となりえます。この「休職制度が正しく運用されていない場合」とは、

- 業務上の心身の故障であることが客観的に明白で、本来労災として扱うべき案件なのに、私傷病（業務外の原因に基づく心身の故障）と強弁したり、労働者側の無知につけ

こんだりして私傷病休職で処理しようとする場合

- 労働者の心身に問題がないのに、退職に追いこむために無理やり休職を命じる場合

などが考えられます。

病気は仕事が原因？　それとも業務外が原因？

「社員本人が就労に適さない健康状態にある」ことについて、労使間で争いがないときでも、**体調不良の原因が業務に起因するものなのか、業務外の理由によるものなのかについて、労使間で見解が対立するケースはめずらしくありません。**

たとえば、行政の労災基準では、長時間労働を理由とするメンタル不調は、月100時間以上の時間外労働が3カ月続いているなど、極めて過重な業務が行われた場合がこれに該当するとされています。

このように、メンタル不調が業務上のものと認められるハードルは相当に高く、「業

務に起因していることが明らか」というケースは極めて限定的です。そのため、会社側も社員のメンタル不調を軽々に業務災害と認めることはできず、そのような明確でないケースで私傷病として処理することが違法なハラスメントと評価されることはあまり考えられないと思われます。

仮に労災判断や司法判断において、メンタル不調が事後的に業務上のものと認められ、会社側の判断が結果的に誤りであったという場合でも、私傷病とした行為がただちにパワハラとなるものでもありません。

また、**私傷病休職の場合、休職期間内に心身の状態が回復しなければ自然退職となることがルール化されています。**

休職制度が正しく適用されて一定期間休息したものの、結局、労働能力が回復しなかったという場合、退職はやむをえないといえます。でも、そうでない場合に休職制度を悪用して退職に追いこむことは、当然、許されません。

たとえば、休職の結果、労働能力がほぼ回復しているとか、ほどなく回復することが見こまれるような場合に、会社側が明確な根拠もなく「労働能力は回復していない」

と強弁して復職を認めないような場合です。
このように、自然退職に追いこもうとする行為は、違法となる可能性が高いといえそうです。

Point

- 休職をすすめたり、命じたりすること自体はパワハラにならない
- 労働者を退職に追いこむために休職をすすめる行為は、違法
- 休職から復帰したあと、本人が回復しているのに退職に追いこむことは許されない

28 妊娠・出産。子育てする人に差をつけていい？

企業側が社員の妊娠・出産や、夫婦での子育てについて、理解を示すようになったのも、ごく最近のように思います。

昭和的な価値観では、女性が結婚・出産する場合は退職するのが当たり前、女性社員の妊娠・出産は他の社員にとっては迷惑、男性社員が育児のために仕事を休むなどもってのほかなど、歪んだ価値観が当たり前のように許容されていました。

しかし、平成・令和と時代は移り変わり、そのような価値観は過去の過ちとして明確に否定されています。

女性の妊娠・出産は個人の自由であり、男性が家庭内で育児・家事に参加することも家庭内の価値観として許容されるべきです。

雇用契約が実践される場にすぎない職場において、個人の私生活の自由に圧力をかけるなどはあってはならないことで、常識的に考えて理不尽です。

もしそのような古い因習が存在するのであれば、ただちにこれを改めるべきです。

ここでは、このような妊娠・出産・育児に関連するマタニティハラスメント・パタニティハラスメント（マタハラ・パタハラ）について解説していきます。

1 採用時に妊娠・出産の予定を確認する

20代女性。中途採用の面接のときに、「これから結婚、出産の予定はありますか？」と聞かれた。そんなプライベートなことを答えなきゃいけないの？

会社は採用面接の際に社員としての適性を確認するため、プライベートな面をふくめて質問するのが一般的であり、プライベートな事柄を質問すること自体は、原則として適法です。

しかしながら、採用面談において本人に責任のない事項（出自、家族の情報、家庭環境など）、本人の思想・信条・宗教等に関する事項などをことさら把握する行為は就職差別を助長する行為に当たるとして、行政当局はこれをしないよう求めています。

また、採用時に男女で異なる取扱いをすることについて、男女雇用機会均等法第5条では、「事業主は、労働者の募集及び採用について、その性別にかかわりなく均等な機会を与えなければならない」と禁止しています。

女性に対してのみ妊娠や出産の予定を確認する行為は、違法な採用差別を助長しかねない質問として、行政当局はこれを控えるべきとしています。

今回のケースでは、会社側がこの女性のみに出産の予定をたずねていたかはわかりませんが、仮に特定の年齢層の女性にのみ、そのような質問をしていたのであれば、不適切な質問と言わざるをえないでしょう。

次のような場合は、とくに要注意です。

- 採用面接において、子どもの有無や妊娠・出産の予定を執拗に質問する
- 「子どもの有無や妊娠・出産の予定について回答しない場合は採用しない」などと言って、回答を強要する

これらの場合は、採用時の男女差別に類する行為として、違法なハラスメント行為となる可能性があります。

2 妊娠が発覚した人の内定を取り消す

20代女性。マスコミのアナウンサー職に内定。内定後に妊娠が発覚し、それを内定先の人事部に伝えたところ、「妊娠している場合は、希望の職種では採用できない」と言われ、内定を取り消された。これって違法なのでは？

採用内定はまだ就労は始まっていない状態ではありますが、法律的には内定先と内定者との間で雇用契約が成立しているものと整理されます（このような内定関係は「始期付解約権留保付労働契約」と考えられています）。

内定を取り消す行為は、内定者との間で成立している雇用契約関係を打ち切る行為として、「解雇と同じもの」と考えられています。

この点、男女雇用機会均等法では「事業主は、その雇用する女性労働者が妊娠したこと、出産したこと……を理由として……解雇その他不利益な取扱いをしてはならない」「妊娠中の女性労働者……に対してなされた解雇は、無効とする」と雇用する労働者について、**妊娠を理由に解雇することを原則として禁止**しています。

そして、採用内定者もこの雇用する労働者にはふくまれるので、同法の規制対象となります。

したがって、今回のケースのように、妊娠を理由に内定を取り消す行為は、明確に男女雇用機会均等法で禁止された違法行為であり、典型的なマタハラの1つといえます。

3 育児休業を終えて復職した社員を降格する

30代女性。育休前は10人いる部署の課長だった。1年の育児休業から復帰した直後に上司から呼び出され、「これから新入社員も入ってきて、人数も増える。マネジメントも大変だと思うので、課長職は降りてもらい、いちメンバーとして復帰してほしい」と言われた。課長職には同僚が就く予定だという。育休前は問題なく仕事を行っていたし、育休の期間はあらかじめ申請していたのに、降格は不

当ではないか？

育児介護休業法では、「事業主は、労働者が……育児休業をしたことを理由として、当該労働者に対して解雇その他不利益な取扱いをしてはならない」と、男女雇用機会均等法と同様の禁止規定を定めています。

そして**行政通達は、妊娠・出産・育児休業等の事由の終了から1年以内に行われた不利益な取扱いは、原則として法令に違反する不利益取扱いと評価すべき**ことを謳っています。

つまり、育児休業を終了して1年以内に、労働者に対して降格などの処分がされた場合は、これを正当化する事業運営上のたしかな理由がないかぎり、法令に違反する不利益取扱いとして、違法行為となる可能性が高いということです。

ちなみに、次の場合のように、労働者に対する不利益な処分が許容されるケースもあります。

- 企業側による正確かつ十分な説明をふまえて、労働者が処分内容に承諾しており、かつこれを承諾することに合理的な理由があると認められる場合
- 企業側で降格処分をしなければ、円滑な業務運営や人員の適正配置に明確な支障があり、労働者の不利益を考慮してもやむをえないと認められる場合

今回のケースのように、育児休業を終えて復職したタイミングで降格の処分を行うことは、企業側にこれを正当化する十分な理由がないかぎり、違法なマタハラと考えるべきでしょう。

4 妊娠について職場の暗黙のルールがある

20代保育士の女性。保育園に勤め始めたタイミングで、先輩から「妊娠には気をつけて」と言われた。園内では先輩から順番に妊娠する暗黙の了解があるようだ。人員不足なのはわかるが、妊娠や出産などのプライベートなことを職場に決められたくない。

慢性的に人手が足りていない一部業界では、妊娠・出産によって労働者が休業した結果、周囲の職員の負担が重くなったり、事業運営の円滑さが害されたりすることを理由に、これを制限しようとする傾向があるようです。

たとえば、今回のケースのように、保育園などは妊娠による休業は順番を守らなければならないなどの暗黙のルールがあり、これを守らないと周囲から非難の対象となることがあるそうです。

しかしながら、妊娠・出産は労働者個人の人生観や生き方に直結する問題であり、雇用契約とはまったく関係がありません。

会社の労働者に対する制約は、あくまで雇用契約にその根拠を求めるものなので、雇用契約とまったく関係がない事柄を制限することは、原則として許されません。

例外的に業務上の理由がある場合、その理由のかぎりで許容されます。

では、個人の妊娠・出産が事業運営の支障となることが、これを正当化する理由となるかといえば、そうはならないと考えます。

妊娠・出産は人間であれば当然ありえる出来事であり、会社側はそのような事象が生じることも想定して事業運営をしなければなりません。

そのため、**労働者が妊娠・出産したことによる弊害は、会社側の責任で消化するべきであり、これを労働者の責任に転嫁することは許されない**と考えます。

したがって、**仮に会社側が労働者の妊娠について何かしらのルールを決めていたとしても、そのようなルールは法的根拠がなく無効です**。

そのため、今回のケースのように当該ルールを労働者に強要することや、当該ルールを守らずに妊娠した労働者を糾弾する行為は、業務上適正な範囲を超えたマタハラとなりえるでしょう。

Point

- 採用面接のときに、特定の年齢の女性のみに対して結婚・妊娠・出産の予定について聞くことは控えるべき
- 「回答を拒んだ場合は採用しない」などと回答を強要する場合は、違法なハラスメント行為になる可能性もある
- 妊娠を理由に内定を取り消すのは違法
- 育休明けの社員に対して、本人の同意なく降格する行為は基本的に違法だが、業務運営に支障がある場合は、社員に不利益があったとしても許容される場合がある
- 労働者の妊娠についての職場ルールは、法的根拠がなく無効

法律コラム 8

パワハラの予防にもっとも大切なこととは？

パワハラは、一度発生してしまえば、被害者の心身に大きなダメージが残るのはもちろん、職場内の信頼関係にも修復不可能なヒビが入ります。

職場全体の雰囲気や環境が悪化してしまえば、当事者以外の社員の士気やモチベーションに悪影響を与えることになるでしょう。

場合によっては炎上事案となってしまい、無秩序・無責任な批判・非難の的となることで、会社のレピュテーション（評判）が大いに害されることもあります。

そのため、個人と企業、双方にとって、パワハラは「発生を予防すること」が何より重要です。

パワハラを発生させないために、個人としてはどういう予防ができるでしょうか。

一般的には**職場内で良好な人間関係を構築することが、まず何よりの予防となる**ことは事実です。

職場内で十分にコミュニケーションをとること、相手の立場や価値観について敬意を持って接すること、また相手の心理や真意について勝手な決めつけをしないことも重要です。

「相手が悪意を持っているにちがいない」と思いこんでしまえば、良好な関係の構築は困難となるからです。

当事者間に何かしら認識の齟齬があれば、対話によって解決できる場合もあります。

パワハラの実際の場面では、当事者間のミスコミュニケーションが原因となっていることが少なくありません。まずは周囲に対して敬意を持ちつつ、対話することが何よりの予防になります。

29 左遷的な異動は許される？

これまでずっと、営業職で働いていたのに、突然清掃業務に異動になった。上司から嫌われて仕事をふってもらえない、単調な作業しかさせてもらえず時間を持て余している……。社員を適材適所に配置しないことは、どこまで許されるのでしょうか。

まず、これまで説明してきたとおり、「会社は労働者の業務内容を自由に決定することができる権利」があります。そのため、労働者が自分の能力をフルに使ってもらっていないことに対して不平・不満を持っていたとしても、会社による業務配分や業務内容の決定行為がただちに問題視されることは、まずありません。

しかし、これまで説明してきたとおり、会社による業務内容を決定する裁量にも限界があります。もし、会社側が裁量を逸脱していたり、権利を濫用したりしていれば、当然違法の問題が生じてきます。

そのため、左遷的な異動や過小な業務を命じる行為についても、会社側で許容される裁量の範囲を超えて指示するようなことがあれば、労働者の職場環境を害する行為として、パワハラになる可能性があります。

1 営業職から清掃業務に左遷

40代女性。もともと営業の管理職として活躍していたが、上司とうまが合わず、配置換えに。異動先では、社内の清掃業務など、これまでやってきたこととまったく異なる業務を担当させられ、自分の能力を活かすことができない。営業職のときにもらっていた報酬ももらえなくなり、給料も下がった。

これまで営業職としてバリバリ働いてきた社員が、いきなり社内清掃の業務のみを命じられることになれば、困惑して当然です。

しかも、これまで営業職として業績連動の報酬や賞与をもらっていたのに、異動のせいで支給されなくなる、という場合もあるでしょう。

日常生活にも現実的に支障が生じるので、決して無視できないはずです。

この点、たしかに会社には労働者の業務内容を配置・変更する権限(配置転換命令権)があります。しかしこの権利は、当然無制限に認められるものではありません。

たとえば、

- 配置転換が不当な動機・目的に基づく場合
- 業務上の必要性が認められない場合
- 労働者に生じる不利益が通常ありえる限度を超えている場合

これらの場合は、権利を濫用したものとして違法となります。

この観点で本件を見ると、たとえば営業職から清掃業務への左遷行為が、会社による何かしらの報復を目的としたものである場合は、このような配置転換は違法です。

また、たとえ報復目的とまではいえないにしろ、営業職の人員を清掃業務に回すのはそれ自体が奇異であり、業務上の必要性が容易に認められるとは思われません。

そうすると、業務上の必要性がない、という観点でこの配置転換が無効となる可能性もあります。

さらに、本件のように営業職のときに支給されていた報酬や賞与が不支給となるようなことがあれば、労働者に与える経済的不利益が大きすぎるとして、やはり配置転換が違法・無効となる可能性もあるでしょう。

このように、本件の配転措置は、あらゆる観点からして「会社側が権利を濫用した違法なもの」と評価される可能性が多分にあります。

そして言わずもがなですが、仮に会社による配置転換が違法と評価される場合、このような違法な配置転換を強いる行為が、業務上適正な範囲を超えたパワハラであると評価される余地は、十分にあります。

たとえば、異動ではなく、営業職にいながら清掃業務を1回だけやらせた、というだけならセーフかもしれません。

一方で、清掃業務を1カ月以上やらせるなど、長期間にわたって従事させる行為は、「職場環境を著しく害する行為」として、パワハラと評価される可能性がかなり高くなると思われます。

2 パソコンもコピー機もない部屋で電話番をさせる

40代女性。営業職勤務だったが、うつ病から復職後、「業務負荷をかけないように」という名目で人事部付に異動になった。パソコンもコピー機もない部屋で電話番業務を任されたが、社内限定の電話対応なので1日で数回程度しか電話が鳴らない。これは、いわゆる「追い出し部屋」なのではないか？

電話業務が主業務とはいえ、仕事をする上でOA機器は必須です。とくに今の時代、パソコンを使用しなければ、仕事はできません。パソコンやコピー機もない部屋で仕事をさせる行為は、その社員に対して具体的な仕事は何も与えないことを宣言するに等しいといえます。

たしかに、雇用契約では労働者には労務提供の義務はありますが、労務に従事させるよう求める権利はないと考えられています。

そのため、本件のような会社の行為は、労働者の労働義務を免除するという意味があるにすぎず、労働者の権利をただちに侵害しているわけではありません。

しかし、**社員に何もさせずに座席に押し止めることは、それ自体が社員に肉体的・精神的苦痛を与える行為というべきで、労働者の人格権を侵害しているという評価は可能**でしょう。

とくに明確な必要性もないのに、社員の仕事を実質的に取り上げる本件のような行為は、パワハラになる可能性がそれなりに高いです。

本件について、「社員に対して電話番の仕事を与えている」という言い訳はありえるかもしれません。

もちろん、電話番が仕事ではないとは言いませんが、昨今では社内の電話を特定の人物だけに専門的に取らせる必要性はほとんどありません。

そのため、電話番に専従させることについて、業務上の必要性が是認される可能性はかなり低く、パワハラ性が否定されることは考えにくいと思われます。

3 社長の方針に異論を唱えた社員を遠方の地に異動させる

30代男性。社内の全体会議の際に、社長の企画について意見を求められたので、自分なりの私見を述べたところ、社長が「お前は全然わかっていない。生意気だ！」などと立腹。新卒で入社してから10年間、本社のある東京に勤務していたのに、翌月に異動の辞令があり、海外の僻地の支店に異動になった。現地には日本人のスタッフがおらず、不安しかない。明らかに社長に意見したことによる報復人事で違法ではないか？

会社や社長の方針に異論を唱えて異動させられる、左遷の典型例ともいうべき場面ですが、このような左遷行為は許されるのでしょうか。

まず、**人事異動が会社の方針や指示に造反したことへの報復を目的に行われたような場合には、その動機や目的が不当であるとして人事異動が違法・無効となる可能性**

はあります。

しかしながら、**報復の目的と業務上の目的は併存しえるものであり、前者の報復目的が否定できないとしても、後者の業務目的もそれなりに認められる場合には、このような人事異動の適法性が認められる可能性も非常に高い**です。

そのため、仮に報復目的であることがある程度疑われる場合であっても、会社側に当該異動を命じるそれなりの大義名分がある場合には、その異動を拒むことは難しい場合が多いように思われます。

ハラスメント通告した人を閑職に追いやるのはパワハラになるか？

また、ハラスメントを社内通告した社員に対して、報復人事として相手を閑職に配置したり、これまでのキャリアを無視した職種に変更したりする、といったケースがあります。

このような配置変更の適法性も同様に、以下の観点で判断していくことになります。

- 配置変更の動機・目的が不当なものではないか
- 仮に不当な目的でないとしても業務上の必要性があるか
- 業務上の必要性に比して労働者に生じる不利益が、通常受忍すべき範囲を超えていないか

たとえば、配置転換が極めて唐突で、かつハラスメントの申告から間もない時期に行われており、かつ労働者側の不利益も相当に大きいケースの場合。

この場合は、「報復」という不当な動機・目的によるものであるとして、パワハラと評価されることはあるでしょう。

また、動機・目的までは認定できなくても、業務上の必要性が非常に乏しかったり、社員のキャリアに深刻な悪影響を与えたりするケースもあります。その場合も、適法性が否定されて、パワハラと評価される余地は十分にあるといえます。

今回のケースのように、冷遇の一環として配置変更がされる場合も、パワハラになる可能性があります。もっとも、会社は配置変更について広い裁量があるので、労働

者側が配置変更に不平・不満があるという理由だけで、違法なハラスメントと評価されるわけではないことには留意しましょう。

なお、ハラスメントの通報は、公益通報として別途保護される可能性があります。この場合に通報者に対して不利になる配置転換を行えば、公益通報者保護法の禁止する不利益取扱いとして、違法・無効となる可能性もあるので、注意しましょう。

Point

- 会社による報復を目的とした配置転換は違法
- パソコンやコピー機もない部屋で、電話番として働かせることは、パワハラになる可能性が高い
- 報復的な異動であっても、会社の異動命令に大義名分がある場合は、異動を拒むことが難しい
- 配置転換に不平不満があるだけでは、パワハラと評価されない

30 本人の望まない異動。どこまでOK?

人事異動により、本人が望まない業務や職場を割り当てられる。

これまでのキャリアとはまったく異質な業務を求められることや、慣れ親しんだ土地から移動しなければならないことは、誰でも嫌なものです。

しかし、嫌だからといって会社の命令に背けばどうなるかわからないから従うしかない、と思っている方がほとんどでしょう。

そもそも会社による人事異動は、必ず従わなければならないのでしょうか。拒否することは絶対にできないのでしょうか。このような素朴な疑問について検討していきます。

まず、会社による人事異動は、法律的には**「配置転換命令権」**という人事権を行使することにより行われています。

この人事権は、雇用契約の中の使用者側の権利として確立された権利です。

会社は、原則として労働者の業務内容や業務場所をその裁量によって変更できます。

しかし、この人事権も絶対無制限に認められるものではなく、限界があります。

まず、会社と労働者の雇用契約によって、配置転換の権利が制限されている場合があります。

たとえば、労働者を雇用する際に、職種や職務内容や職場を限定する合意がある場合、会社はこの合意の範囲内でしか配置転換命令権を行使することができません。

もっとも、このような**「限定合意」**が認められるのは、これが**明示的に合意されているような特別な場合にかぎられている**ので、注意が必要です。

雇用契約書に特定の業務について明示されているとか、就労してから配置変更がされたことがない、といった理由だけではこの明示の合意があると評価される可能性は低いでしょう。

また、限定合意がない場合でも、次のような配置転換は認められていません。

- 会社による人事異動が不当な動機・目的により行われる場合
- 業務上の必要性がないのに行われる場合
- 労働者が通常受け入れるべき範囲を超えた著しい不利益を被る場合

以上をふまえて各事例を見ていきましょう

1 自宅近くで勤務しているパートタイム従業員に別エリアへの異動を命じる

40代女性。自宅から徒歩10分圏内のスーパーでパート勤務していたが、店長から「別のエリアのスタッフが足りなくて困っているから、ぜひそこに行ってほしい」と言われた。別エリアは、自宅から電車を使って30分以上かかる。「断るなら、今の店舗は人が足りているので、雇用を継続するのは難しい」と言われた。断るなら辞めろと言っているのと同じで、これってパワハラでは？

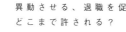

仕事と家事・育児を両立させるために、自宅近くの職場でパート勤務を選択することはよくあります。では、このような意図で働いている労働者を、自宅から遠い職場に異動することは許されるのでしょうか。

まず、パート勤務の場合、雇用契約の際に会社と労働者との間で就労エリアを一定の範囲に限定する合意がされている場合があります。

たとえば、雇用契約書や雇用条件通知書に、職場を限定する旨の合意がされていれば、職場を変えるような人事異動を命じることはできません。

また、明示的な定めがなくても、採用時に労働者側から「育児・家事と両立させる必要があるため、職場の変更には応じられない」との申し入れがあり、会社側がこれを了承して採用する、ということもあるでしょう。

この場合は、口頭で職場を限定する合意があったと評価され、人事異動を命じられない、ということは十分ありえます。


自宅近くの職場で働くことについて、双方合意が取れていたのに、あとから人事異動に応じるよう執拗に求めたり、これに応じないことで解雇などの不利益な処分を行ったりすることは、パワハラと評価される余地があります。

また、「職場限定の合意があった」とまでは認められないとしても、**職場を異動させること自体が、雇用契約の内容（具体的には職場近辺のパートタイムという内容）から想定さ**

れる不利益を大きく超えていると評価される可能性もあります。

このように、労働者側にまったく配慮がない人事異動は、労働者側が通常受け入れるべき不利益の範囲を超えているとして違法となる場合があります。

仮に、違法と評価を受ける場合に人事異動を強行・強要する行為は、同様にパワハラになる可能性があると留意しておきましょう。

2 これまでのキャリアとまったくちがうポジションへの異動を命じる

40代営業マネジャーの男性。チームの営業成績が芳しくないという理由で、内勤の事務職に異動になった。中途入社してから10年以上、営業畑しか歩いていないので、キャリアがまったく活かせない。この異動は違法ではないのか？

一般的に、業務内容は本人のキャリアとして蓄積され、キャリア形成による利益は社員にとって無視できないものでしょう。

しかし、労働者には会社に対して特定の職種や職務での就労を求める権利はないと考えられています。これを前提とすると、**労働者は自身のキャリア形成について法的に保護される権利や利益を有しない**という考え方が原則といえます。

そのため、会社において業務上の必要性が認められる場合には、社員の従前のキャリアとは異なるポジションへの異動も認められるのが原則といえそうです。

今回のケースの場合は、入社時から営業職に勤務していたとしても、それのみで営業職から他職種への配置転換が許されない、ということにはなりません。

雇用契約や就業規則で配置転換がありえることが定められていれば、原則として配置換えについて異論を述べることは難しいでしょう。

もっとも、**配置換えが明らかに嫌がらせ目的であるような場合や、労働者が過剰な経済的不利益を被るような場合には、配置変更が違法となる可能性はある**ことには留意しましょう。

もっとも、上記はあくまで原則論であり、当然、例外もありえるはずです。

たとえば、特定分野の専門医のように業務内容を積み重ねることが個人の専門的な資格・スキルの糧となり、それを想定して雇用契約が結ばれているケースがあります。

このような場合、採用時点で「職務内容を限定する黙示の合意があった」と認められるかもしれません。

しかし、本人のキャリア形成を奪うような配転措置は、労働者が通常受け入れるべき不利益の程度を超えているなどの判断から、異動命令が違法・無効となる可能性は十分にありえます。

また、異動後の業務内容がこれまでのキャリアを完全に無視するような単純作業で、明らかにその労働者にふさわしくないような場合もあります。たとえば、

- これまで営業職で稼働していた労働者を社内清掃業務に異動する
- 人事として稼働していた労働者を受付担当に異動する

このような場合は、異動目的が不当であるとか、業務上の必要性が見出し難いとして、異動命令が違法・無効となることも考えられます。

異動を執拗に求めたり、異動しないことで不利益を与えたりするような行為は、業務上適正な範囲を超えたパワハラとなる可能性があるでしょう。

Point

- 会社には「配置転換命令権」があり、会社側の裁量によって労働者の業務内容や場所を変更できる。ただし、職種や職務内容や職場が限定されている「限定合意」がある場合は、権利が制限される
- 自宅近くの職場で働くことについて双方合意がとれていた場合、労働者に異動に応じるよう執拗に求めたり、解雇などの不利益な処分を行ったりする行為はパワハラになる可能性がある
- 本人の希望しない職種への異動であっても、基本的には合法。ただし、配置換えが嫌がらせ目的の場合や過剰な経済的不利益を与える場合は、配置転換が違法になる可能性もある

31

正社員じゃないなら「待遇差」があってもしかたない？

日本では、契約社員や派遣社員などの非正規雇用者に対する保護の薄さや待遇の悪さが、長年にわたり問題視され続けています。

一般的に非正規社員は正社員より基本給が低く、賞与や退職金も支給されないことが多いです。また、契約期間が決まっているため、いつ契約が切られるかわからなくて常に不安という悩みを抱える方は大勢います。

ここでは非正規で雇用される方々が不安を感じる場面について、法的に解説していきたいと思います。

1 正社員と同じ仕事をしている契約社員の待遇に差をつける

30代男性。出版社で契約社員として働いているが、正社員の同僚とまったく同じ編集の仕事をしているのに、自分に払われる給料は正社員の半分以下、交通費も出ない。同じ仕事をしているのに、こんなに給与差があるのはおかしいのではないか？

昨今では、**「同一賃金同一労働」**という考え方が声高に叫ばれています。

これは正規雇用・非正規雇用にかかわらず、同じ仕事をした場合、同じ賃金が支払われるべきであるという考え方です。

この考え方自体は非常に合理的なものではありますが、現実には正社員と非正規社員の待遇に歴然たる差が設けられているのが実情です。

では、このような待遇差を設ける行為について、法的に問題はないのでしょうか。

まず、「会社と労働者の間の雇用契約」のような私人同士の契約には、**「契約自由の原則」**という大原則があります。これは、**私人同士の契約において、どのような労働条件を定めるかは当事者の自由であり、法はこれに立ち入らない**という原則です。

もっとも、契約自由の原則にも限界はあり、法令に違反するような強行的な合意をしてもその効力は認められません。

たとえば、雇用契約において「残業代は支払わない」「賃金は会社が都度決定する」などと合意しても、これは強行的であり、法律に違反しているので効力は認められないということです。

そして、このような**「正規・非正規の待遇差への強行的な規律として不合理な待遇格差の禁止**（短時間労働者及び有期雇用労働者の雇用管理の改善等に関する法律第8条）**」**や**「正規雇用と実質的に同視できる場合の差別禁止**（同法第9条）**」**などの規律があります。1つずつ見ていきましょう。

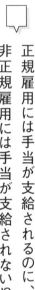

正規雇用には手当が支給されるのに、非正規雇用には手当が支給されない⁉

まず、**「不合理な待遇格差の禁止」**とは、正規と非正規との間で待遇格差を設けること自体は許容しつつも、業務内容、業務に伴う責任の程度、これらが変更される範囲などの事情から、**その格差が不合理である場合には、格差を設ける行為が違法である**とするものです。

たとえば、非正規雇用の労働者の職責の内容や、職責の変更範囲が正規雇用の労働者とほぼ同じ場合があります。その際、正規雇用には職務手当などが支給されるのに、非正規雇用には職務手当がいっさい支給されなければ、支給しない行為が違法となる余地はあるということです。

正社員と契約社員がほぼ同じ責任で同様の仕事をしている

また、**「正規雇用と同視できる場合の差別禁止」**とは、正規と非正規で職責の内容やその変更範囲が全雇用期間を通じて同様という場合に、正規・非正規で待遇差を設けることを禁止するものです。

この規律が適用されるのは、**非正規雇用が形骸化しており、正規雇用とほとんど異ならないような特殊なケース**にかぎられます。

もしもそのような特別な事情があれば、正規・非正規で格差を設けることは基本的に違法になります。

正規・非正規の雇用格差については、法令で禁止される格差に該当するような場合には、その違法性を問う余地はあります。もっとも、このような格差に該当するかどうかは、それぞれの就労環境や雇用条件をふまえた個別的な判断が必要です。

そのため、一概に何が適法で何が違法ということはいえません。このあたりは慎重かつ繊細な検討が必要でしょう。

今回のケースの場合も、正社員と非正規雇用である契約社員との間での賃金格差が問題となっている事案ではありますが、現時点で従事している業務が同じという理由のみで賃金格差が法令違反となるものではありません。

現時点で従事している業務が同じでも、正社員と契約社員では責任の範囲や職責・職場の変更される範囲が異なる場合も多く、賃金格差がそのような事情に起因している場合には、許容される場合も多いからです。

このように、正規・非正規の賃金格差の問題は、各企業の事情により異なるため、慎重な検討・評価を要することに留意しましょう。

2 「不利な契約条件を受け入れなければ更新しない」と言う

20代契約社員の女性。事務職で採用され、1年満期の契約で採用された。居心地がよく、働き甲斐があるので、長く働きたいと思って一生懸命仕事をしてきた。しかし、1年の更新期限の直前に、「事務職に加えて、外回りの営業もやってほしい。それがダメな場合は更新しない」と言われた。本当は事務職だけやっていたいが、雇用を更新してもらえないと困る。このような仕事内容の変更は、受け入れなければいけないのか？

有期雇用の場合、雇用契約は期間満了により当然終了し、更新するかどうかは「当事者の自由な判断」に委ねられるのが原則です。

このように、**「企業側が契約更新の義務を当然に負うわけではないこと」**を背景に、更新時に契約条件の不利な変更を求められることもありえます。

しかし、これはあくまで原則論であって、やはり例外があります。

すなわち、有期雇用の場合には、業務の内容、雇用されている期間、更新手続きの内容、雇用先の上司からの雇用継続を期待させる言動や、自分と同様の有期雇用の人の更新状況などの諸々の事情から、労働者側が**「契約更新されるはずである」**など、**合理的な期待が生じているような場合**があります。

労働者側の合理的な期待が生じている場合、会社側が契約を更新しないことは原則として許容されず、契約不更新に合理的理由があり、不更新とすることが社会的に許容されるような場合でないかぎり、契約を更新しないことは許されません（労働契約法第19条）。

このような場合には、会社側の更新の自由は大幅に制限されることになり、契約条件を受諾しなければ更新しない、という対応がそもそも許されなくなります。

したがって、有期雇用の労働者において合理的期待が生じているようなケースでは、会社が契約更新をしないことをちらつかせて、不利益な条件を受諾するよう迫る行為は、法令上許されない対応となります。このような対応は、業務上適正な範囲を超えた違法なパワハラと評価される可能性があります。

以上のような観点で今回のケースを検討してみましょう。

結論としては、今回の会社側の対応は問題なく、もし労働者側が会社側に提示された条件を受諾できないのであれば、契約が不更新とされてもやむをえないと考えます。

まず、契約更新にあたって会社が労働者に対して新たな役割を提示すること自体は何も問題はありません。また、本件のように**有期雇用が1年継続した程度では、労働者側に雇用継続の合理的期待が生じているとは認めづらい**とされるのが一般的なので、会社側が契約更新を強いられる理由もありません。

そのため、この場合には会社が労働者との有期雇用を更新しないのは当然の対応かと思われます。

しかし、有期の雇用契約、たとえば1年単位で3回、4回と何度も更新されており、業務の内容からしても、雇用が継続されてしかるべき、という場合には、会社側の役割変更を受諾しないことを理由とする更新拒絶が問題となることもありえます。このあたりはケース・バイ・ケースといえるでしょう。

3 意見が対立した派遣社員の更新を打ち切る

30代派遣社員の男性。3カ月おきの更新で、同じ会社に2年勤めている。派遣先の上司に、仕事のやり方について意見したところ、上司があからさまに不機嫌になった。その後、派遣会社から連絡があり、「もう出社しなくていい」と言われた。更新時期も満了していないし、意見しただけなのに、雇い止めするなんて、パワハラではないか？

派遣社員は非正規雇用の1つとして契約社員やパート・アルバイトと同列に論じられがちですが、じつは性質がかなり異なります。

派遣社員は「派遣先に雇用されている人員」ではなく、「派遣元が雇用する人員が派遣先の指示命令で派遣されて稼働している」にすぎません。

つまり、派遣社員の雇用契約はあくまで派遣元との間にのみ存在し、派遣先とは契約関係がないのです。他方、派遣先で働く契約社員やパート・アルバイトは「派遣先が自ら雇用する人員」であり、雇用契約も派遣先との間に存在します。

このように、**派遣社員は「雇用契約を誰と締結しているか」という点で、契約社員やパート・アルバイトとは決定的に異なる**のです。

派遣先は派遣元との労働者派遣契約をコントロールすることによって、派遣社員の稼働を停止することができます。

その際、派遣先が派遣社員個人の意向を考慮する必要はありません。

つまり、派遣社員が派遣先での就労継続を希望していても、派遣先において必要がないと判断すれば、基本的に派遣労働者の稼働を停止することは可能です。

したがって、**本事例のように派遣労働者の落ち度が乏しいような場合でも、派遣先が派遣元に派遣の停止を要請した場合、基本的には派遣社員は派遣先での就労を継続できなくなります。**

この場合には、派遣元から派遣社員に対し、「雇用者都合での稼働停止」として休業補償などがされることはありえます。

派遣元の対応も派遣契約に基づく対応として問題ないため、ただちに派遣社員に対する違法なパワハラということにはなりません。

本件の事例は、派遣先から何か具体的なパワハラ行為がされている事案ではないので（派遣就労を継続しないことがただちにパワハラとなるものではありません）、派遣先・派遣元との間で正しく契約処理がされ、かつ派遣元側で不就労となる期間について正しく補償がされているのであれば、派遣先が違法の責を負うことはないと考えます。

ただし、次のような場合は、パワハラとして検討する余地があります。

- 派遣元がこのような派遣契約に基づく権限をことさらちらつかせ、派遣社員に対して派遣契約の内容を逸脱する稼働を要求する
- 客観的に見て無理難題といえる業務を押しつけたり、これらに応じないことを理由に派遣社員を罵倒したりという不当な行為がある

これらの行為は、業務上許容される範囲を超えて、派遣社員の就労環境を悪化させるパワハラであると評価されることはありえます。

Point

正規雇用と非正規雇用で業務内容がほぼ同じで賃金格差がはなはだしい場合でも、ただちに違法とはならない。責任の範囲などの事情に起因して賃金格差が生じているときは、許容される場合も多い

有期雇用の場合、雇用契約は期間満了で当然終了し、更新するかどうかは「当事者の自由な判断」に委ねられるのが原則

有期雇用の契約社員が、契約満了後も雇用を継続されることについて「合理的な期待」が生じている場合、会社側が契約を更新しないことは許されない

派遣社員の場合、本人が派遣先で就労継続を希望していても、派遣先が必要ないと判断すれば、基本的に派遣労働者の稼動を停止することは可能

法律コラム 9

パワハラが起きたときに会社がすべきこと

実際にハラスメント被害が発生した場合、会社側は何をすべきでしょうか。

ハラスメント事案が起きたときに、会社側で必要な対応は次の4つです。

1 被害者等による申告を受けつける
2 事実関係を調査する
3 事実を認定・評価する
4 事実評価に基づく再発防止の処分を行う

この4つが基本的な流れです。1つひとつ見ていきましょう。

1 被害者等による申告を受けつける

まず、被害申告については、ハラスメント対応の端緒として必須です。

被害者本人から申告がされることが多いですが、まれにハラスメント行為を目撃した周囲の社員から申告されることもあります。

いずれの場合であっても、申告内容が明らかにハラスメントではないといえるような場合を除いて、次の事実調査・認定のステップに移ることになります。

たとえば、申告や通報内容から、ハラスメントの加害者やハラスメント行為がある程度具体的に特定されており、被害者の特定まで容易に行えるような

ハラスメント被害が起きたときに会社がすべきこと

1 被害者等による申告を受けつける
2 事実関係を調査する
3 事実を認定・評価する
4 事実評価に基づく再発防止の処分を行う

場合は事実調査を進めていくべきでしょう。

なお、被害申告が完全に匿名ベースで行われた場合、被害者の特定が難しいことがあります。

その場合は、会社としてはできるかぎりの対応をせざるをえず、どこまで対応するかはケース・バイ・ケースといえます。

2 事実関係を調査する

会社による事実調査のスタンダードな方法は、

1 被害者からの聴き取り
2 被害者の聴き取り内容を裏づける資料・供述の収集
3 加害者への聴き取り

という3段階の手順で行われます。

1 被害者からの聴き取り

まず、被害者からの聴き取りは、5W1H（いつ、どこで、誰が誰に対し、なぜ、どのような方法で、何をしたのか）を意識しながら、具体的に聴き取ることが極めて大切です。

この聴き取りが甘いと、企業側がそもそも何を調べるべきかが定まらなくなってしまい、その後の調査が困難となる可能性があります。

また、聴き取るときに大切なのは、**加害者が何をしたのかだけでなく、それに対して被害者側がどう対応したのか、そのような対応をしたのはなぜか、を併せて確認する**ことです。

このような双方向のやり取りについて聴き取ることで、事実関係をより具体的かつ鮮明に把握することができます。

2 被害者の聴き取り内容を裏づける資料・供述の収集

次に、裏づけ資料等の調査ですが、被害者の供述内容を裏づける証拠としては、Eメールや録音などの**「客観証拠」**と、目撃者など**「周囲の供述証拠」**があります。

重要性が高いのは「客観証拠」ですが、利害関係のない者による具体的かつ詳細な供述も有用といえます。

もっとも、認定・評価のステップでよりどころになるのは客観証拠なので、客観証拠を中心に調査するのが一般的でしょう。

このように、被害者からの聴き取りや裏づけ資料などの収集を通じて、会社側でハラスメント事象の実態をある程度把握できます。

3 加害者への聴き取り

加害者への聴き取りは、このような実態の把握がある程度進んだ段階で行うべきです。

会社側が事実を把握しないまま加害者の聴き取りに臨んでも、最終的に、やった・やらない、言った・言わないの水かけ論に陥り、事実の認定や評価が非常に難しくなってしまいます。

もし、加害者への聴き取り前の段階で、ハラスメントの実態がよくわからない、把握できないというケースであれば、そもそもハラスメントの認定自体が困難です。

加害者に念のため、事実確認をしても、「ハラスメントの認定ができない」という結論に落ち着くのがほとんどと思われます。

3 事実の認定・評価

1 事実認定について：加害者と被害者の意見が食いちがったらどうなる？

会社側は、調査完了の時点で一定の事実を認定しなければなりません。

ハラスメント対応でもっとも難しいのがこの事実認定ですが、以下のような手法が一般的と思われます。

まず、**被害者の被害申告を加害者側で認めている場合は、この認めている範囲で事実を認定してかまわないケースがほとんど**です。

もちろん、客観証拠から明らかに事実と異なるものを加害者が認めている場合にそのまま認定するのは問題がありますが、そのような事態はまれでしょう。

次に、**被害申告について客観的な資料**（Eメール、録音等）**や信用性の極めて高い供述**（利害関係のない者の目撃供述等）**による直接的な裏づけがある場合は、加害者がこれを否定していても申告どおり事実を認定できます。**

これは、被害者の申告と加害者の弁解を比較したときに、たしかな証拠による裏づけのある被害者申告のほうがはるかに信用できるからです。

一方で、被害者の被害申告に信用できる証拠による裏づけがなく、かつ、加害者もこれを否定している場合は、申告事実を認定できません。

もちろん、被害者は真実を話しており、加害者が嘘をついている可能性は否定できません。ただ、第三者である会社は、被害者の申告と加害者の弁解のどちらが真実なのかは判断できません。

このような場合は会社には判断できない（＝わからない）ということで、事実を認定しないのが通常です。

2 事実評価について

会社は、認定した事実を正しく評価し、これが違法なハラスメント行為に該当するのかどうかを判断します。

この評価については、まず認定事実がどのようなハラスメントにカテゴライズされるのか（パワハラなのか、セクハラなのか、マタハラなのか、それとも類型化されない一般的なハラスメント行為なのか）を判断します。

その上で、法律の定義等をふまえつつ、対象となる事実が違法なハラスメント行為といえるのか、そうでないのかを判断していくのが一般的です。

それぞれの類型ごとの実際の評価のポイントは、これまで述べてきた事例検討が参考となるでしょう。

4 再発防止

上記プロセスの結果、違法なハラスメント行為を認める場合、会社は就業規則等のルールに則って加害者への懲戒処分や人事処分を行うのが一般的です。

これら処分の内容や程度はケース・バイ・ケースですが、企業内で先例となる処分があれば、その先例を参考にすべきでしょう。

なお、**「懲戒処分」については、就業規則等で懲戒事由と懲戒処分の内容が明示的に定められていなければ、これを行うことはできない**ことには留意しましょう。

次に、違法なハラスメント行為とは認められないものの、道義的・倫理的に問題がある行為だと認められた場合はどうでしょうか。

その場合は、**懲戒処分や配置転換などは行わず、書面等で注意や警告するなどの措置を講じることを検討するべき**でしょう。

会社という組織では、違法でなければ何をしてもよいというものではなく、周囲に対する最低限の敬意・配慮が必要であることは常識です。

このような常識に反する行為が認められたのであれば、企業として是正を促すべきです。

他方、違法なハラスメント行為も、道義的・倫理的にも問題がある行為も認められなかった場合には、加害者に対する処分はとくに行う必要はありません。

しかし、被害者から申告があったから気をつけるように注意を促す程度は行うべきでしょう。

その際、被害者側には、「会社側がその判断に至った理由」について、ある程度説明することも検討する必要があります。

なぜなら、被害者としては企業側になんらかの処分等を期待して被害申告している場合がほとんどだからです。

それにもかかわらず、企業側が加害者に対してなんら対応しなかったということは、被害者側からすれば企業への不信感を強める理由となり、場合によっては労使間で無用の紛争・トラブルが発生する可能性もあるからです。

会社のハラスメント対策は、社員の心理的安全性に直結します。ぜひ今後のよりよい組織づくりのために、ご参考にしていただけたら幸いです。

第5章

同僚、部下、顧客……その他のハラスメント

32 同僚・部下の行為もパワハラになる？

職場の人間関係での悩みは、上司との関係だけではありませんよね。

たとえば、同僚、部下、他部署の人など職務上の優位性のない相手であっても、言い方がきつかったり、態度が冷たかったりすると、仕事がやりにくくなることもあるでしょう。

少し苦手という程度であれば、やり過ごせばよさそうですが、苦手を通り越して仕事がやりにくくなったり、相手のせいで職場環境が害されたりするようであれば、無視できない問題です。

パワハラは上司・上長の行為について問題となることが多いですが、このような職制上の優位性がない相手からの行為は、ハラスメント行為として法的に問題になることはないのでしょうか。

この点、結論からいえば、**パワハラは職制上の優位性がない相手についても成立する可能性があります。**

ここで問題となる**「職場での優越的地位」**は、単に職制上の上下関係のみを意味するものではなく、職場の人間関係に内在するあらゆる優位性がふくまれています。

そのため、**相手が同僚など職制上の上下関係がなかったり、部下など職制上は自身が優位となったりする相手でも、社歴、知識、経験、経済力などから相手になんらかの優位性があり、これを背景としてハラスメント行為が行われる場合には、パワハラが成立する余地はあります。**

また、たとえ優位性がない相手であっても、言動や行動が社会的に許容される限度を超えており、これによって著しい肉体的・精神的苦痛が生じるような場合や、その職場環境が害されるような場合があります。その場合も、パワハラに準じるハラスメント行為として違法性を帯びることが十分ありえます。この点をふまえて、各事例について見ていきましょう。

1 大勢の前で批判する

30代企画職の男性。全社員が集まっている場で、営業職の男性から「売れない商品の例」として自分の企画した商品があげられ、「こういう商品は売りにくい」などと言われ嫌な思いをした。これはパワハラではないのか？

他部署の人や同僚のように職制上の優劣関係がない場合であっても、相手の勤続年数が長かったり、担当業務について自身より高度な知識・経験があったりするような場合には、その分野において**「事実上の優位性を認める余地」**があります。

このような事実上の優位的立場に乗じて、業務との関連性、業務上の必要性、態様の相当性の観点から不相当な行為がされた場合には、パワハラとなる余地があります。職場において最低限必要である配慮、敬意、礼節を欠いた行為が繰り返され、その程度が深刻なレベルに至っているような場合も、同様に単なるハラスメントとして違法となる可能性もあります。

今回のケースでは、大勢の前で商品に対して「悪い例」として取り上げていることから、言われた本人からすれば屈辱的な気持ちになることも当然理解できます。ただ、本人が屈辱的な思いをしたからといって、ただちに相手の行為が違法なハラスメント行為であるわけでもないのです。この場合には、相手の発言の意図や内容について個別に検討する必要があります。

たとえば、営業の説明は企画担当者への個人攻撃をするためではなく、営業の目線から留意すべきポイントを共有する趣旨で商品を例示した可能性もあります。

情報共有自体は合理的であるため、説明の内容や表現がことさら侮辱的なものでないかぎり、これがただちに違法なパワハラと評価される可能性は低いと考えます。

ただし、大勢の前で良い例ではなく、悪い例として取り上げること自体は、言われた側の気持ちを損なう可能性があることは理解し、言い回しに配慮する必要は当然あります。

商品開発などの現場で、よりよい商品をつくるために、忌憚ない意見を言い合うこと自体はパワハラになりませんが、特定の個人の吊し上げと見られるような行為は避けるべきでしょう。

なお、本人に屈辱を与える行為としては、大勢の前で辱める行為がその典型ですが、職場の次のような行為も該当しうるでしょう。

● 気に入らない相手に対してあいさつを無視する

- にらみつける
- 舌打ちをする
- その他、相手への嫌悪感をあらわにする行為

このような行為が長期にわたって執拗に繰り返されれば、パワハラとして違法となる可能性は否定できないでしょう。

2 同僚の悪口を言う

30代女性A。30代の同僚社員Bは昼休憩の時間に、自分以外の他の社員はランチに誘うのに、自分だけ誘わない。また、Bと仲よくなるために話しかけても「あー」とそっけない返事だけされて、他の人とはあからさまに楽しそうに話をしている。後日、他の社員からBが「Aさんは男性社員に好かれるために媚を売っている」と悪口を言っていたと聞かされた。

優劣関係がまったくないような間柄（たとえば、勤続年数も職位も同じであり共通の業務には従事しない同僚など）では、厳密には〝パワーハラスメント〟は成立しませんが、いじめや嫌がらせと評すべき行為が執拗に繰り返されたような場合には、ハラスメントとして違法性を帯びる余地は十分にあります。

今回のケースの場合、本人が不愉快な思いをしていることは当然です。

しかし、相手の行為が本人の職場環境を害することが客観的には明らかとまではいえないように思われます。というのも、**職場は仕事をすることを目的とする場であって、親睦を深めることを目的とする場ではない**ためです。**社員が職場内で誰とどの程度コミュニケーションをとり、どのような人間関係を構築するかは、業務の支障とならないかぎり、個々人の自由に委ねられるべき事柄**です。

もし一方が相手と親睦を深めたいと思っていたとしても、相手がそこまでの気持ちでなければ、そっけない態度で接することも許容範囲内と考えるべきでしょう。

そのため、本件のケースをただちに違法なハラスメント行為と断じるのは難しいと考えます。

もっとも、悪口などの嫌がらせが長年にわたって露骨に、かつ執拗に継続され、本人と周囲との関係が悪化したり、仕事を進める上で現実的な支障が生じるような場合には、一連の行為がパワハラと評価される余地はあります。

その他、同僚によるハラスメントの可能性のある行為の例としては、次のようなものがあげられます。

- 職場の先輩が、後輩に対し、休日に自宅に無理やり呼び出して引っ越しの手伝いをさせたり、自宅の留守番を強要したりする
- 職場の同僚間での金銭の貸し借りで、貸付をした人間が、借入をした相手に対して、借金している負い目に乗じて無理難題を押しつける

これらの行為については、パワハラに該当する余地があります。

3 部下が上司の命令を拒否する

40代男性。転職し、マネジャーとして勤務し始めたが、入社10年目の30代の部下に業務を頼んでも「僕の仕事じゃないので。それにそのやり方はこの業界では通用しない」と言って、頼んだ仕事にまともに対応してくれない。陰で「あの上司は使えない」「さっさと辞めてくれればいいのに」と言っているとうわさに聞いた。退職も検討している。

これまで同僚間のハラスメント事例についてあげてきましたが、部下についても同様に、ハラスメントになる可能性があるケースがあります。

たとえば、**相手が部下で、職制上は下位に属する者であっても、会社での勤続年数が長く、担当業務について知識や経験が豊富な場合、当該担当業務については相手に事実上の優位性がありえます。**

このような優位性を背景にして、部下が上司に対し、業務との関連性、業務上の必要性、態様の相当性の観点から不相当な行為を行えば、パワハラが成立する余地はあります。

今回のケースのように、勤続年数の長い事務職員の上司として、中途採用者が充てられたような場合、上司より部下のほうが担当業務の経験が長いため、当然、仕事の進め方にも慣れているはずです。

このような場合に、部下が業務に不慣れな上司に対して、陰で「仕事ができない人だ」などと、上司として認めないような暴言を吐き続ければ、上司の自尊心はひどく傷つくでしょうし、仕事もやりづらくなるでしょう。

このような行為は、部下の上司に対する典型的なパワハラといえます。

なお、このような優位性がない場合でも、部下が上司に対して敬意や配慮のない非常識な言動を繰り返したり、嫌がらせ的な行為を繰り返したりすれば、違法となりえる点は同僚のケースと同じです。

たとえば、部下が上司の指示や態度が気に食わないからといって、上司の人格を否定するような言動を繰り返したり、上司の言動にさも問題があるような不適切な内部通報を繰り返したりするような行為は、場合によっては違法となる可能性があります。

たとえば、上司からの注意指導が気に食わないからといって、パワハラと決めつけ、ことあるごとに「パワハラを受けている！」と言いふらして回った場合、その主張にしっかりとした根拠がなく、注意されても執拗に繰り返すような場合は、違法となるリスクはゼロではありません。

要するに、職場内では上司、部下どちらの立場でも、常識を著しく逸脱する言動は許されないということですね。

Point

同僚同士や部下から上司に対してもパワハラは成立する

大勢の前で批判する行為がただちにパワハラになるわけではないが、言い回しに配慮する必要はある。

特定の個人を吊し上げるような行為は避けるべき

同僚に冷たくされている、悪口を言われている程度では、違法なハラスメント行為と断じるのは難しい。しかし、嫌がらせが長年にわたっている場合や、仕事に支障をきたしている場合は、パワハラになる可能性がある

上司が頼んだ仕事をまともにやらずに、「あの上司は仕事ができない」などと、陰で繰り返し言いふらす行為は、パワハラになる可能性がある

法律コラム 10

パワハラは「証拠」が重要！

パワハラは企業側や個人で予防していたとしても起こる可能性があります。その際重要になるのは、「証拠」です。

加害者であっても、被害者であっても客観的な証拠の有無が重要になります。

本書では主に加害者になる場合を想定して書いていますが、どの立場の人でも被害者になる可能性があるため、ここでは被害者になった場合を想定して記載します。

もし被害者として会社から事情を聴かれる場合には、次のような具体的内容を説明できるよう、準備しておくとよいでしょう。

- パワハラを受けた日時、場所
- 周囲の状況
- やり取りの内容

さらに、この説明を裏づけるEメールや音声データなどがある場合は、これも一緒に提出すれば、会社は申告内容をより真剣に取り扱うようになります。

その後の事実調査もかなりスムーズとなり、早期解決が望めるでしょう。

もしパワハラの被害申告を考えているのであれば、ふだんからパワハラ行為の具体的内容を記した備忘録を作成し、それぞれに関連する証拠も取っておくことも大切です。

証拠を準備しておくということは極めて重要です。

パワハラのように当事者かぎりで行われる事象は、一方の申告のみで正しく事実を認定することは極めて困難で、裏づけとなる証拠の有無が決定的となることはめずらしくありません。

そして、客観証拠としてもっとも有用なのは、「Eメール」です。

Eメールはその当時なされたやり取りの日時や内容がすべて可視化されており、極めて有力な証拠となる場合が多いです（この点、録画や録音を推奨するWEBサイトなどもあるようですが、そもそも録音・録画自体が容易ではないことや、録音・録画は実務ではかなり使い勝手が悪いことから、あまり推奨しません）。

あとあとの被害申告を行うことを考えると、次のようなEメールを送信しておくと、非常に有用と思われます。

- パワハラの相手方に対して具体的な行為を記した上で、やめてほしい旨を伝えるEメールを送信しておく
- 同僚や友人や親族に、パワハラ被害を具体的に記載して相談するEメールを送信しておく

「パワハラ被害に遭っている」と感じたときに、何より大切なのは、「証拠を確保する冷静さ」です。感情的になるのではなく、「パワハラの証拠」をしっかり記録、保管しておきましょう。

33 顧客から理不尽なことを求められた！

ここまで社内のパワハラについて見てきましたが、事例の最後として、最近話題の「カスハラ」についても取り上げます。

接客業に携わっている人の場合、客側から心ない言葉を投げつけられたり、理不尽なクレームを入れられたりすることもあります。

「客はえらい」「客であれば何をしてもよい」と勘違いしている人も少なくないようで、「カスタマーハラスメント（カスハラ）」という造語が誕生するなど、社会的に関心が高まっています。

クレームについては、どんなに理不尽なものでも辛抱強く低姿勢で対応するよう求められる場合が多いのではないでしょうか。

しかし、常に低姿勢の対応が必要なのかは、慎重に検討する必要があります。

まず、客からの理不尽な仕打ちは、職場の雇用関係とは直接関係しない問題のため、職場でのパワハラの問題とは区別する必要がありますが、客の行為も不法行為となりえるという意味では、パワハラに通じる部分があります。

むしろ、両者についての根底にある考え方（民法上の不法行為となるかどうかという考え方）

が同じであることをふまえると、サービス利用者としての適正な範囲を超えて相手に肉体的・精神的苦痛を与える行為は、許されない「カスタマーハラスメント」として違法な行為となると考えられます。

1 クレーマーから土下座を強要される

飲食店従業員の30代男性。誤って、客から注文されたものではない料理を出してしまった。すると、その男性客が「てめぇ、なめてんのか！」と激高。「店長呼んで来い！」と言われたものの、店長が不在だった。その旨を伝えると、「土下座して謝れ！」と言われ、恐怖から土下座してしまった。

店の対応に激高した利用客が店員に土下座するよう要求する。

このような事例はけっこうあるようです。

まず、店のサービス内容や店員の対応に不満がある場合、利用客がその不満を店側に伝えること自体は自由です。

クレームには店側の気づきとなる側面も否定できないので、これを一概に禁止する必要はありません。しかし、クレームにも当然に守るべき節度というものがあります。この節度を超えて、社会的に許容される限度を超えたクレームは、相手に対する嫌がらせとして違法となる余地があります。

「節度を超えているか」の判断はどのようにすればいいのでしょうか？非常にシンプルに捉えれば、**「クレームの目的を明らかに超えるような態度」**がこれに該当すると考えられます。

利用客によるクレームは、あくまで店のサービスや店員の態度への不満や不快感を伝えて、問題の改善や再発防止を求めることを目的に行われるものです。そのため、この正当な目的に対して、明らかに過剰なクレームの場合は、違法なハラスメント行為と整理できそうです。

たとえば、店員に不満・不快感を理解してもらうために謝罪を求めること自体は、ただちに問題視されるものではないかもしれません。

しかし、土下座という非常に屈辱的な行為まで要求するのは、明らかに行きすぎです。不満を口頭で伝えて、相手が謝罪の言葉を口にしていれば、自分の感情は一応理解されていると考えられます。

また、相手が土下座をする、しないは問題の改善や再発防止とはほとんど関係のない事柄です。したがって、今回のケースのように土下座を強要する行為は、クレームの目的を大幅に逸脱した違法なハラスメント行為と評価するべきでしょう。

実際に店員に土下座を強要し、土下座したところを撮影してネットで公開した事件がありましたが、その行為者は強要罪で立件されたようです。

このような行きすぎた行為は、民法上の不法行為を飛び越えて、犯罪行為にもなりえます。

2 謝罪動画を撮られ、SNSで拡散される

配達業務をしている20代女性。道が混んでいたため、配達予定時刻を30分ほど過

ぎてしまい、目的地に到着後、客に謝罪した。その場面が客と一緒にいた人に動画で撮られており、「配達遅すぎ」などとSNSで発信された。

客がクレームの際に、店員とのやり取りを撮影・録画することは、実際によくあります。私見ですが、質の悪いクレーマーほど自分の正しさを誇示したり、無理難題を押しつける材料に使ったりする目的で、写真や動画を撮りたがるように思われます。

まず、クレームの際にやり取りを撮影・録画して記録化すること自体は、トラブル予防の観点から有効である場合も多く、やり取りの相手を無断で撮影・録画したからといって、ただちに店や店員の権利を侵害したことにはなりません。撮影・録画をしたからといって、ただちに違法なハラスメント行為があったということにはなりにくいでしょう。

他方、撮影・録画した内容をSNSで不特定多数に公表する行為は、上記のトラブル予防の観点からすれば、行きすぎと思われます。

このような行為は相手の肖像権、プライバシー権、名誉権などを不当に侵害する危険性がある上、いわゆる炎上状態となりトラブルがよけいに拡大する可能性もあります。

したがって、今回のケースのようなＳＮＳでの公表行為は、正当な目的を逸脱した違法なハラスメント行為となる余地が多分にあるといえるでしょう。

3 慰謝料の支払いを要求される

ホームセンターに勤務する50代男性。客から商品に対する苦情があった。電気ポットに入れても湯が沸かないとのことだったので、「電源に差しましたか？」とたずねたところ、客が「俺が間違っているというのか。お前、態度悪いな」と言い出し、「慰謝料10万円払え！　払わないならネットで悪い口コミを書きこむ」などと脅してきた。


民法では、違法な権利侵害行為によって損害を被った者は、加害行為をした相手に対してその賠償を求めることができます。

そして、権利侵害行為によって精神的苦痛を被った場合には、これを慰謝する金銭要求が可能であり、これが俗に言う**「慰謝料」**です。

慰謝料を主張すること自体は、ただちに違法となるとまではいえません。

しかしながら、**慰謝料請求はあくまで「違法な権利侵害行為があること」が前提となる**ものです。

また、精神的苦痛についても「傷ついた」とか「不快感を覚えた」という主観的な事情で決まるものではなく、**「金銭的に慰謝されるべき、精神的な苦痛が生じた」と客観的に認められるかどうか**も重要な検討材料となります。

そのため、クレーマーが主張しがちな慰謝料請求には法的な根拠がないことがほとんどです。法的根拠のない慰謝料の支払いを単に主張するだけでなく、これを執拗に求める行為は、相手に義務のないことを強いるものとして社会的に許容される余地は乏しいといえます。

また、このような強要行為が、何かしらの恫喝や脅迫と併せてされた場合、それは恐喝行為として犯罪となる可能性も否定できません。

したがって、今回のケースのように慰謝料の要求がその主張や提案に留まらず、執拗にその支払いを求めるような態様に至った場合には、違法なハラスメント行為と評価される可能性が高まるといえます。

Point

客が店員に土下座を求める行為は、違法なハラスメントであり、「強要罪」に該当する場合もある

クレームによって相手に謝罪させ、相手が謝罪している様子の動画を拡散する行為は、肖像権・プライバシー権・名誉権などを不当に侵害する危険性があり、違法なハラスメントになる可能性が高い

慰謝料請求自体は、ただちに違法にはならない。ただし、慰謝料請求は「違法な権利侵害行為があること」が前提になる。法的根拠のない慰謝料の支払いを執拗に要求する行為は、「恐喝行為」として犯罪になる可能性もある

自分が加害者・被害者かもしれないと思ったときにすべきこと

最後に、ハラスメントが発生した場合に、加害者・被害者双方がすべきことを簡単に解説していきます。

ハラスメントの内容や被害の状況にもよりますが、一般的に個人ができる選択肢としては、次の3つの方法があります。

1 当事者間で解決する方法
2 会社を巻きこんで解決する方法
3 社外まで巻きこんで解決する方法

以下、それぞれについて解説していきます。

1 当事者間で解決する方法

ハラスメント事案において、一番簡易な解決方法が当事者間で解決する方法です。この方法はハラスメントの内容が軽微であるような場合や、ハラスメントかどうか微妙な場合でかつ、加害者と被害者との間で最低限の信頼関係が保持されているような場合には有効な手段といえます。

一方で、加害者と被害者との関係が完全に破綻しているような場合は、1の方法ではなく、2と3の手段を選択するのがよいでしょう。

当事者間の話し合いで解決する場合、被害者側より、

- 自分は、そのようなことをされたくない
- どのようなつもりで、そのような行為をしているのか

●自分としては、そのような行為を控えてほしいがどうか

などを加害者側に伝え、今後同様の行為がされないように話し合うという方法があります。

また、加害者側が自分の行為がハラスメントに当たるかもしれないと不安に思った場合や、相手から「あなたがやっていることはハラスメントではないか」と指摘された場合は、

●自分としては相手に精神的苦痛を与えたり、その職場環境を害するような行為をするつもりはまったくなかった

●自分がそのような行為をしたのは、○○という合理的な理由によるものである

●自分の言い方や伝え方が悪く、不快な思いをさせたのであれば、それは謝罪する

などを伝え、誤解を解きつつ、相手の不安や不満を解消するという方法があります。

なお、謝ったら自分に不利益があるのでは、と自分に法的な責任が生じると誤解す

る方がいます。

結論からいうと、**相手に謝罪することと責任を認めることはまったく別問題です。**

自分の行為によって相手が不安を覚えたり不快感を覚えたりしたのであれば、そのような感情を抱かせたことについては謝罪するべきで、この謝罪に法的な意味はまったくありません。電車で人の足を踏んでしまったときに「ごめんなさい」と言うのと、ほぼ同じことです。


ハラスメント事案では、当事者双方の認識のちがいや誤解から問題が生じているケースが多く、そのようなボタンのかけちがいが解消されないまま、問題が大きくなっていくことも少なくありません。

まずは当事者間で認識のちがいや誤解を解くことができれば、問題がエスカレートするのをある程度抑止できるように思います。


なお、言わずもがなですが、事例で紹介したような、誰がどう見ても明らかにパワハラ、セクハラと思われるような行為や、異常な暴力・暴言や犯罪に当たる行為など、明白かつ強度なハラスメントといえるような事案は別です。

この場合は相手との対話どうこうで解決できる問題ではないので、次の「2 会社を巻きこんで解決する方法」や、「3 社外まで巻きこんで解決する方法」を選択するべきでしょう。

2 会社を巻きこんで解決する方法

ハラスメント事案の解決方法として、もっとも一般的と思われるのがこの方法です。

すなわち、ハラスメント問題が生じていることを、会社の相談窓口に相談し、会社として必要な対応を取るよう求めるものです。

会社が組織として事実関係を調査した上で、ハラスメント事象が認められた場合には、再発防止のために必要な処分を行うことが一般的です。

そのため、ハラスメントの有無について会社による一定の結論が出ることや、ハラスメントが再発しないよう組織として一定の対応がされることから、上記1の当事者間で解決する方法よりも、おたがいに納得感や安心感が持てる方法といえます。

もっとも、会社による事実調査にそれなりの時間がかかることや、自分に関するハラスメント行為について、事実調査の過程で社内の人間に知られてしまう可能性があることなどがデメリットといえます。

前述した1の当事者間での話し合いによる方法では解決に至らないような場合や、ハラスメントの内容が悪質であり、当事者間での協議によって解決するような問題ではない場合には、この方法を選択するべきでしょう。

なお、現行法では、会社はパワハラ、セクハラなどについて適切に対応するための対応整備の法的義務があります。そのため、通常の会社であれば、ハラスメントについての相談窓口を設けているはずです。

したがって、社員であれば、おそらく2の方法を取ることは可能だと思われます。

万が一、会社のコンプライアンス意識が乏しく、2の方法が取れないようであれば、3の「社外まで巻きこんで解決する方法」を検討することになります。

3 社外まで巻きこんで解決する方法

ここまでは、社内で解決する方法を見てきましたが、次のような場合は外部の力を借りざるをえません。

- ハラスメントについて、会社がまったく対応しない場合
- 被害を受けた側が、ハラスメントについての民事的責任を行為者（加害者）と会社双方に追及したい場合

ハラスメント被害を受けたときに、もっとも一般的な方法は、弁護士を通じてハラスメントの事実を主張して、会社にしかるべき対応と補償を求める方法でしょう。

パワハラ等は、別途犯罪行為に該当しないかぎり、刑事事件として扱われるものではなく、一般的には私人間での民事的な問題と整理されるものです。

民事事件を本人に代わって処理できるのは弁護士だけです。

会社で起きているハラスメント事象について弁護士に相談すれば、具体的な見通しや解決方法についてアドバイスしてくれます。また、本人が希望すれば会社との間の交渉窓口にもなってくれます。

弁護士に依頼する以外の方法として考えられるのは、**所轄の労働基準監督署（労基署）に対して問題を通告すること**です。

このとき気をつけたいのは、**労働基準監督署はあくまで会社の行政法規違反に対して取締りを行う機関であり、会社と労働者との間の民事事件を裁定する権限はない**ということです。

そのため、所轄の労基署に対して「社内でのパワハラをやめさせてほしい」と申告しても、労基署が動くことはありません。

また、労基署に対して相談する場合は、少し工夫する必要があります。

たとえば、「会社がパワハラの相談窓口を設置していない」「会社がパワハラの申告に対して速やかに対応しない」といった、会社が法令上の義務を守っていないことについて申告することが考えられます。

このような義務違反については、労基署から会社に対してしかるべき調査が開始される可能性があります。また、調査の結果、違反が認められれば、なんらかの行政指導が行われる可能性があります。

さらに弁護士以外の相談窓口としては、**内部または外部の労働組合に相談する方法**もあるでしょう。

労働組合は労働者の利益団体として、加盟した組合員の労働条件その他待遇について、会社と団体交渉を行う権能が法律上認められています。

そのため、労働組合に対して会社内のハラスメント事象を申告し支援を求めれば、それ相応の対応を望むことができるでしょう。

ここまで、さまざまなパワハラのケースについて見てきましたが、**ハラスメント事案が深刻化するのは、社員の不安・不満が周囲に伝わらないまま蓄積していく場合が多い**ように思われます。

日頃から社員が自分の意見を言いやすく、上長や周囲とコミュニケーションをとりやすい環境であれば、エスカレートする前に不安や不満が周囲に認知され、申告される前に改善されることが期待できるでしょう。

企業側が相談窓口や通報窓口を明確化して周知することは、非常に大切といえます。そして、万が一問題が深刻化した場合には、的確に対応できるよう、ハラスメント調査の体制や手続きについてある程度ルール化しておくことが重要です。

このようにハラスメント対策は、何か起きてから場当たり的に対応するのではなく、組織に内在する問題としてあらかじめ想定し、準備しておくことが大切なのです。

おわりに

「ハラスメント」をお化けのように怖がる必要はない

社会の「ハラスメント」に対する関心は、昨今ますます高まっているように思います。たとえば、近年では「カスハラ」の問題も注目され、自治体や企業のカスハラ対応についても、高い関心が集まっている印象があります。

このような傾向について、私自身は「ハラスメント」という概念が、社会において従来より一段階上のレベルで認識されるようになったのでは、と考えています。

これまで深刻な問題として捉えられてきたハラスメント（セクハラ、パワハラ、マタハラ、アカハラなど）は、概ね特定の「組織内部の問題」として捉えられてきました（セクハラ、パワハラ、マタハラは主に職場、アカハラは大学）。

しかし、近年急激に注目されるようになったカスハラは、組織に対する組織外部からの攻撃を問題視するものであり、これまでのハラスメント概念とは一線を画すように思います。

この傾向は、日本社会における権利意識の高まりだけでなく、昨今の新型コロナウィルスに起因した「社会全体での高ストレス状態」など、複合的な要因によるのではないかと考えています。ここで重要なのは要因ではなく、「ハラスメント」がより「忌むべき存在」として社会に浸透してきたということでしょう。

無論、「ハラスメント」が「悪」と認識されること自体は、歓迎すべきことです。

しかし、「ハラスメント」という言葉が独り歩きすることは、社会にとって必ずしも有益ではない（むしろ有害な場合も多い）というのが私見です。

社会の中で「ハラスメント」が忌むべきものとなればなるほど、これについての恐怖心や拒否感は強まるでしょう。

何が法的責任のあるハラスメントであり、何がそうでないのかについて正しく認識されないまま、恐怖心や拒否感のみが社会に蔓延してしまった場合、ギスギスとしたすこぶる居心地の悪い社会になってしまうのでは、という危機感があります。

「ハラスメント」はお化けや幽霊ではなく単なる事象であり、きちんと分析することができます。本書は「ハラスメント」をお化けや幽霊のようにただただ忌避・嫌悪するのではなく、これを正しく恐れてほしいという思いから執筆しています。

社会や組織は自身とは異なる価値観を持った人間がいて当たり前です。そして、価値観の異なる者同士が集まれば、当然、相手に対して大なり小なり不安や不満を覚えることはあるでしょう。

不安や不満が組織や社会に内在する事象として許容されるべきものなのか、許容される限度を超えた「ハラスメント」なのか――。少し立ち止まって考えてみるだけでも、偏った社会への歩みを抑止することにつながるはずです。

本書がそのような立ち止まりの契機となることを願うばかりです。

[著者]
梅澤康二（うめざわ・こうじ）
弁護士法人プラム綜合法律事務所代表、弁護士（第二東京弁護士会 会員）。2006年司法試験（旧試験）合格、2007年東京大学法学部卒業、2008年最高裁判所司法研修所修了、2008年アンダーソン・毛利・友常法律事務所入所、2014年同事務所退所、同年プラム綜合法律事務所設立。主な業務分野は、労務全般の対応（労働事件、労使トラブル、組合対応、規程の作成・整備、各種セミナーの実施、その他企業内の労務リスクの分析と検討）、紛争等の対応（訴訟・労働審判・民事調停等の法的手続及びクレーム・協議、交渉等の非法的手続）、その他企業法務全般の相談など。著書に『ハラスメントの正しい知識と対応』（ビジネス教育出版社）がある。

[マンガ]
若林杏樹（わかばやし・あんじゅ）
漫画家。普通の人が聞きづらい「ぶっちゃけどうなの？」の部分を、わかりやすく漫画にするのが得意。共著に『お金のこと何もわからないままフリーランスになっちゃいましたが税金で損しない方法を教えてください！』『貯金すらまともにできていませんが　この先ずっとお金に困らない方法を教えてください！』（共にサンクチュアリ出版）などがある。

それ、パワハラですよ？

2024年10月15日　第1刷発行

著　者――梅澤康二
マンガ――若林杏樹
発行所――ダイヤモンド社
〒150-8409　東京都渋谷区神宮前6-12-17
https://www.diamond.co.jp/
電話／03·5778·7233（編集）　03·5778·7240（販売）

ブックデザイン―三森健太（JUNGLE）
DTP――――ベクトル印刷
校正――――円水社
製作進行――ダイヤモンド・グラフィック社
印刷・製本―ベクトル印刷
編集担当――林えり

ISBN 978-4-478-11953-2
落丁・乱丁本はお手数ですが小社営業局宛にお送りください。送料小社負担にてお取替えいたします。但し、古書店で購入されたものについてはお取替えできません。